Z 35820

Paris
1842

Goethe, Johann Wolfgang von

Maximes et réflexions

Tome

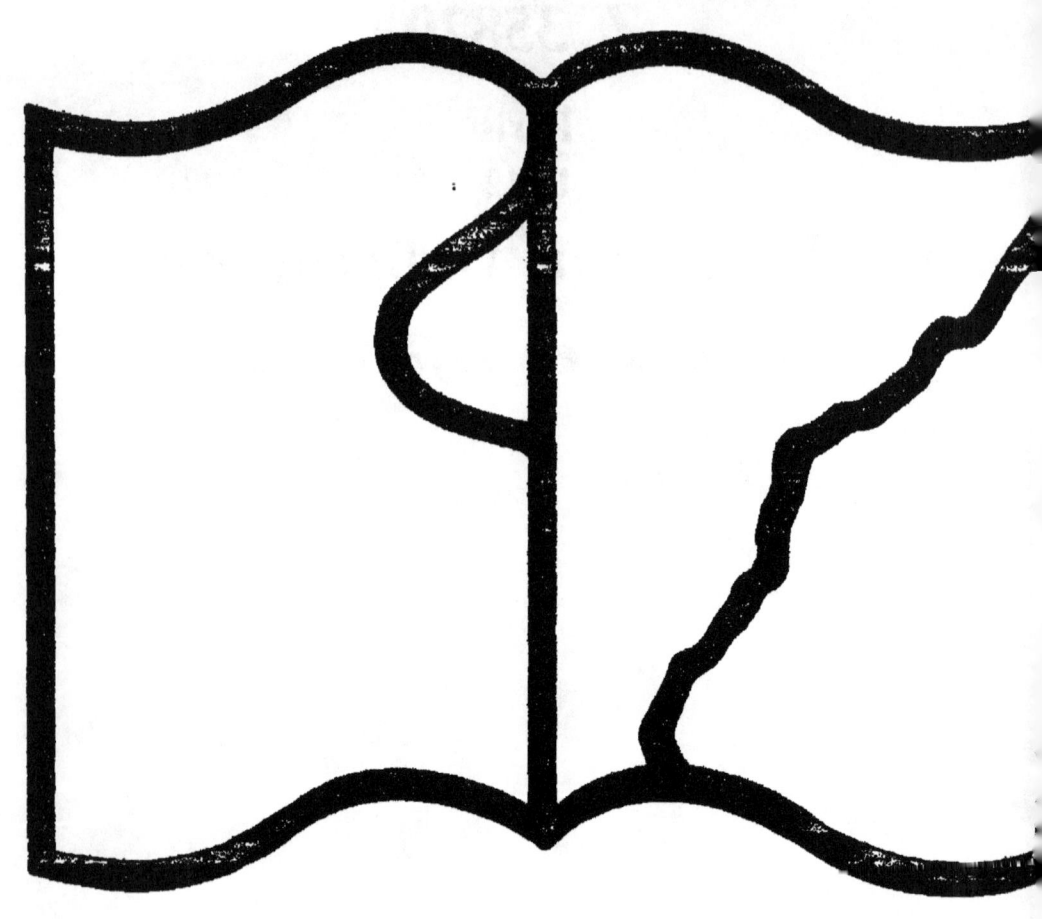

Symbole applicable
pour tout, ou partie
des documents microfilmés

Texte détérioré — reliure défectueuse

NF Z 43-120-11

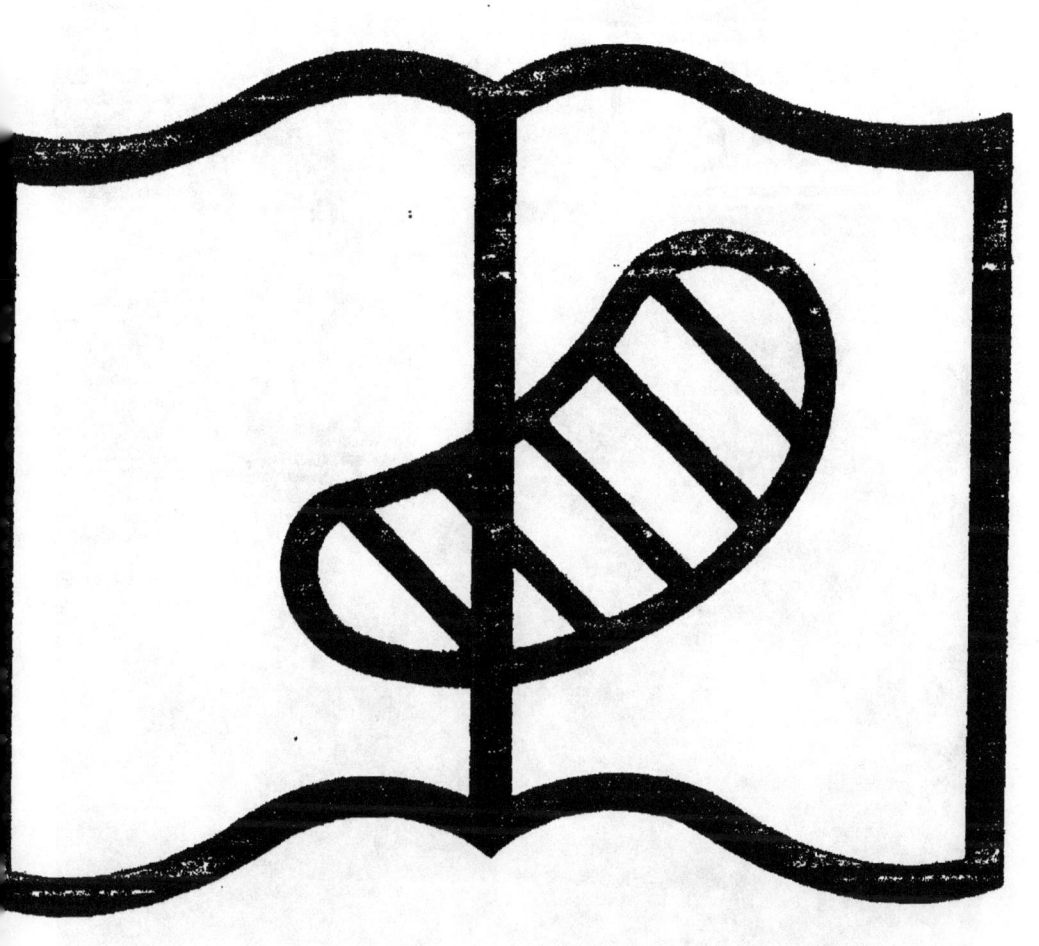

**Symbole applicable
pour tout, ou partie
des documents microfilmés**

Original illisible

NF Z 43-120-10

MAXIMES ET RÉFLEXIONS.

GOETHE.

MAXIMES
ET
RÉFLEXIONS

TRADUITES POUR LA PREMIÈRE FOIS

PAR S. SKLOWER.

PARIS.
BROCKHAUS ET AVENARIUS, LIBRAIRES-ÉDITEURS,
Rue Richelieu, 60.
LEIPZIG, MÊME MAISON.

1842.

AVERTISSEMENT DU TRADUCTEUR.

Des nombreux ouvrages de Goethe, ses chefs-d'œuvre et quelques-uns de ses romans ont seuls été traduits en français. On peut donc en France apprécier et admirer le poète et le romancier ; mais le moraliste, le savant, le philosophe, le grand critique, sont encore presque entièrement ignorés. Et cependant, que de productions remarquables dans tous les genres ne doit-on pas à l'inépuisable fécondité de ce génie universel ? Quelle région du monde physique et du monde moral n'a-t-il pas explorée ? Sur quels points n'a-t-il pas promené son immense curiosité ? Que de vues ingénieuses, originales et profondes semées dans une foule d'écrits qui intéressent la science, l'art et la littérature ? En attendant que quelqu'un se charge d'entreprendre un travail plus étendu, nous publions ce recueil de maximes et de réflexions, qui nous paraît propre à donner, par la multiplicité et la variété des sujets qui y sont indiqués, une idée assez complète des opinions de Goethe sur toutes les questions morales, politiques, religieuses, philosophiques et esthétiques qui ont occupé sa vaste intelligence.

Ces réflexions ont un intérêt d'actualité. La plupart d'entre elles, en effet, ont rapport aux idées et aux mœurs contemporaines. Il est curieux de voir comment notre époque est appréciée et jugée par un de ses plus illustres représentants. Elles ont été écrites dans la vieillesse de l'auteur, et elles s'adressent, pour la plupart, à la génération présente. Les jeunes artistes, en particulier, et les jeunes poètes, pourront y puiser d'utiles directions et de salutaires conseils. Il nous a paru que c'était rendre un service à la jeunesse française que de mettre sous ses yeux les avis d'un homme qui, à l'autorité d'une expérience presque séculaire, joignait celle du génie, la seule qui soit respectée de nos jours.

On trouvera, en outre, dans ce livre une foule d'observations fines et piquantes, souvent d'une grande justesse, sur le caractère des différents peuples de l'Europe, et des jugements littéraires du plus haut intérêt.

Nous ne dirons qu'un mot de cette traduction : d'abord elle n'est pas complète. Nous avons cru devoir retrancher plusieurs de ces maximes et de ces réfléxions qui devaient emprunter leur sens et leur importance à la circonstance qui les a dictées; des allusions dont les personnes elles-mêmes qui ont connu le plus intimement Goethe, ne pourraient nous donner la clef, et des observations critiques sur des auteurs peu connus. Par compensation nous avons cru pouvoir ajouter à ce recueil quelques uns des jugements les plus remarquables échappés de la bouche de Goethe dans les dernières années de sa vie. Pour ce qui est de la traduction en elle-même, outre le style toujours vif et précis de l'auteur, le laconisme de l'expression aphoristique et sentencieuse, la forme énigmatique dans laquelle il s'est plu souvent à envelopper sa pensée, la terminologie philosophique dont aucun écrivain allemand n'est exempt, et dont Goethe lui-même abuse quelquefois, tout en la critiquant, étaient autant de difficultés contre lesquelles nous avions à lutter, et que nous n'osons nous flatter d'avoir complétement surmontées. Du moins, nous avons la conscience de n'avoir rien négligé pour rendre ce travail le moins imparfait qu'il était possible.

Au reste, si cette traduction a quelque mérite, nous nous plaisons à reconnaître qu'elle le doit à la coopération du savant traducteur de l'Esthétique de Hegel, M. Ch. Bénard, et à sa connaissance approfondie de la philosophie allemande.

MAXIMES ET RÉFLEXIONS.

Première Partie.

Il n'est rien de sensé qui n'ait été déjà pensé; on doit seulement tâcher de le penser encore une fois.

Comment peut-on se connaître soi-même ? Jamais par la méditation, mais bien par l'action. Cherche à faire ton devoir et tu sauras ce que tu vaux.

Mais qu'est-ce que ton devoir? L'exigence du jour.

—

L'humanité doit être considérée comme un homme immortel qui incessamment réalise des idées nécessaires, et par là domine l'accidentel.

—

Plus j'avance dans la vie, plus j'ai de chagrin de voir l'homme, qui est destiné à être le roi de la nature et à s'affranchir lui et les siens de la puissante nécessité, devenu l'esclave de quelque préjugé absurde, faire précisément le contraire de ce qu'il veut, et, parce qu'il n'a pas su coordonner l'ensemble de sa vie, s'égarer misérablement dans les détails

—

Dis-moi qui tu hantes, je te dirai qui tu es; dis-moi de quoi tu t'occupes, je te dirai ce que tu deviendras.

—

Chaque homme doit penser à sa manière;

car il trouve toujours sur son chemin une vérité ou quelque chose de vrai qui le soutient dans le cours de la vie; seulement il ne doit pas s'y abandonner, mais se contrôler lui-même. L'instinct dans sa simplicité primitive ne suffit pas à l'homme.

—

Une activité sans bornes, de quelque nature qu'elle soit, finit toujours par faire banqueroute.

—

Dans les œuvres de l'homme, comme dans celles de la nature, c'est principalement le but qui mérite notre attention.

—

Les hommes se trompent sur eux-mêmes et sur les autres, parce qu'ils prennent les moyens pour le but; car alors un excès d'activité fait tout manquer, ou produit le contraire de ce qu'on attendait.

—

Ce que nous méditons, ce que nous entreprenons, devrait être déjà si parfait, si pur, si beau, que le monde ne pût que le gâter. Nous conserverions ainsi l'avantage de n'avoir partout qu'à redresser ce qui est mal, ou à rétablir ce qui est détruit.

—

Il est difficile d'apprécier une erreur complète, une moitié et un quart d'erreur, d'en démêler le vrai, et de le mettre à la place qui lui convient.

—

Il n'est pas toujours nécessaire que la vérité prenne une forme positive; il suffit qu'elle flotte vaguement dans les esprits, et qu'elle trouve un écho dans notre ame, comme le son mélancolique d'une cloche se répand dans les airs.

—

Des idées générales, jointes à une grande prétention, mettent sur la route des plus affreux malheurs.

Souffler n'est pas jouer de la flûte. Il faut encore remuer les doigts.

Les botanistes ont une classe de plantes qu'ils appellent *incompletæ*; on peut dire de même qu'il y a des hommes imparfaits et incomplets. Ce sont ceux dont les désirs et les efforts ne sont pas proportionnés à ce qu'ils sont capables de faire et de produire.

L'homme le plus médiocre peut être complet s'il sait se tenir dans les bornes de sa capacité et de son talent. Mais les plus brillantes qualités de la nature sont obscurcies, effacées et anéanties, si cette juste mesure, nécessaire en tout, vient à manquer. Ce mal se fait souvent sentir dans les temps où nous sommes; car qui pourrait satisfaire aux exigences toujours croissantes d'une époque qui veut que tout se réalise avec la plus grande rapidité?

Les hommes prudents et actifs qui connaissent leur force et s'en servent avec mesure et circonspection, seuls iront loin dans les affaires du monde.

—

C'est une grande faute de se croire plus que l'on est, et de s'estimer moins qu'on ne vaut.

—

Je rencontre de temps en temps un jeune homme chez lequel je ne voudrais rien changer. Mais j'éprouve un sentiment pénible en voyant tant de jeunes gens disposés à se laisser entraîner par le torrent du siècle, et je ne me lasserai pas de faire remarquer que des rames ont été mises entre les mains de l'homme, dans sa barque fragile, afin qu'il ne s'abandonne pas aux caprices des vagues, mais se laisse gouverner par sa raison.

—

Mais comment un jeune homme peut-il parvenir, par lui-même, à considérer comme blâmable et mauvais ce que tout le monde fait, approuve, encourage? Pourquoi, en cela aussi, ne se laisserait-il pas entraîner par son naturel?

—

Je regarde comme le plus grand mal de notre siècle, qui ne laisse rien mûrir, cette avidité avec laquelle on dévore à l'instant tout ce qui paraît. On mange son blé en herbe. Rien ne peut assouvir cet appétit famélique qui ne met rien en réserve pour l'avenir. N'avons-nous pas des journaux pour toutes les heures du jour? Un habile homme en pourrait encore intercaler un ou plusieurs. Par là tout ce que chacun fait, entreprend, compose, même ce qu'il projette, est traîné sous les yeux du public. Personne ne peut éprouver une joie, une peine, qui ne serve au passe-temps des autres. Et ainsi chaque nouvelle court de maison en maison, de ville en ville, de royaume en royaume, et enfin d'une partie du monde à une autre, avec une effrayante rapidité.

Il n'est pas plus possible d'arrêter le mouvement moral du siècle que celui des machines à vapeur. L'agitation du commerce, la circulation du papier monnaie, l'accroissement des dettes pour payer les dettes, voilà le milieu dans lequel vit aujourd'hui un jeune homme. Heureux celui que la nature a doué d'un esprit assez modéré et paisible pour ne pas faire au monde des demandes exagérées, et pour conserver la liberté de ses déterminations.

—

Dans chaque circonstance l'esprit du jour pèse sur lui, et rien n'est plus nécessaire que de lui faire remarquer de bonne heure le but vers lequel doit se diriger sa volonté.

—

L'importance des mots et des actions les plus simples augmente avec le nombre de nos années. Pour peu que je regarde autour de moi, je ne puis m'empêcher de faire remarquer quelle différence il y a entre *franchise*, *confiance* et *indiscrétion*. Il n'existe entre ces termes, à proprement parler, aucune différence; mais seulement une légère transition de ce qui ne compromet pas à ce qui compromet gravement nos intérêts; cette distinction demande à être remarquée ou plutôt sentie.

—

C'est sur ce point que nous devons exercer notre tact, autrement nous courons risque de perdre insensiblement la faveur des hommes par les mêmes moyens qui nous l'ont fait obtenir.

—

C'est ce que l'on comprend bien par soi-même dans le cours de la vie, mais après de nombreuses leçons que nous payons fort cher; malheureusement, nous ne pouvons les épargner à ceux qui viennent après nous.

—

Le rapport des arts et des sciences à la

vie réelle est très-différent, selon leur degré de culture, les temps et mille autres circonstances; ce qui fait qu'il est très-difficile de se former une idée exacte de l'ensemble.

—

La *poésie* produit ses plus grands effets à l'origine des sociétés lorsqu'elles sont encore entièrement barbares ou à demi-civilisées, à l'époque d'un changement de civilisation, ou lorsqu'elles entrevoient la supériorité d'une culture étrangère, de sorte qu'on peut dire que l'attrait de la nouveauté y trouve toujours sa place.

—

La *musique*, du moins celle qui mérite ce nom, se passe plus facilement de la nouveauté; et même plus elle est ancienne, plus on y est accoutumé, plus elle produit d'effet.

—

La dignité de l'art apparaît peut-être à son plus haut degré dans la musique, parce qu'elle n'a point de matériaux dont on soit obligé de tenir compte. Elle est tout entière *forme* et *fond*. D'ailleurs, elle élève et anoblit tout ce qu'elle exprime.

—

La musique est religieuse ou profane. Religieuse elle répond tout-à-fait à sa dignité, et ici elle exerce sa plus grande influence sur la vie, influence qui reste toujours la même dans tous les temps, à toutes les époques. Le caractère essentiel de la musique profane devrait être la gaîté.

—

Une musique qui mêle ensemble le religieux et le profane est impie, et une musique bâtarde, qui se plaît à exprimer des émotions faibles, sentimentales et mélancoliques, est absurde. Car elle n'est pas assez grave pour être religieuse et le caractère du genre opposé lui manque : la gaîté.

—

La sainteté dans la musique d'église et

une gaîté pleine de verve dans les mélodies populaires sont les deux bases de la vraie musique. Ces deux caractères produisent inévitablement leur effet : le recueillement et la danse. Leur mélange gâte tout. La faiblesse est fade ; et, lorsque la musique veut s'appliquer à la poésie didactique, descriptive, ou d'un genre analogue, elle devient froide.

—

La *sculpture* ne produit véritablement son effet que lorsqu'elle touche à la perfection. Le médiocre peut bien imposer par plusieurs causes, mais les œuvres médiocres de ce genre font plutôt illusion qu'elles ne plaisent réellement. La sculpture doit donc chercher aussi un intérêt dans les sujets qu'elle représente, et elle le trouve en perpétuant l'image des hommes illustres; mais encore doit-elle ici atteindre à un haut degré de perfection, si elle veut être vraie et conserver sa dignité.

—

La *peinture* est le moins exigeant, le

plus commode de tous les arts : le moins exigeant, parce qu'en raison des moyens qu'elle emploie et de l'objet qu'elle représente, lors même qu'elle n'est qu'une œuvre manuelle, et à peine un art, elle se fait encore bien venir et nous plaît; ensuite, parce qu'une exécution technique, bien que dépourvue de talent, excite l'admiration des hommes d'un esprit cultivé comme des ignorants, de sorte qu'il suffit d'approcher jusqu'à un certain point de l'art pour être bien accueilli dans une sphère supérieure. La vérité dans les couleurs, dans le dessin, dans la perspective, nous fait déjà plaisir; et comme l'œil d'ailleurs est habitué à tout voir, il n'est pas blessé par une forme laide ou même par une image hideuse, comme l'oreille est choquée par un son faux. On tolère les plus mauvaises peintures parce qu'on est accoutumé à voir des objets plus difformes encore. Il suffit donc au peintre d'être artiste seulement jusqu'à un certain degré, pour trouver un public plus nombreux que le musicien qui a un talent égal. Au moins, le peintre médiocre peut toujours travailler seul, au lieu que le musicien faible est obligé de s'associer à d'autres musiciens pour produire quelque effet par l'ensemble.

Dans l'examen des productions de l'art, doit-on comparer ou non? Nous pouvons répondre à cette question de la manière suivante : Le véritable connaisseur doit comparer; l'idéal est présent à son esprit; il a saisi l'idée qui peut et doit être représentée; l'amateur, qui n'en est encore qu'à former son jugement, fera plus de progrès si, s'abstenant de comparer, il étudie le mérite particulier de chaque ouvrage; par là se forme peu-à-peu le sentiment et l'intelligence en général. Comparer, pour les non connaisseurs, est chose commode qui dispense de juger.

Trouver partout le bien et l'apprécier,

c'est en cela que se montre l'amour de la vérité.

—

Le sens historique se révèle chez l'homme de tact et d'un esprit exercé, qui, dans l'appréciation des contemporains, de leurs mérite réels et accessoires, sait faire entrer le passé en ligne de compte.

—

Le plus grand avantage que nous retirons de l'histoire, c'est l'enthousiasme qu'elle excite.

—

L'originalité provoque l'originalité.

—

On doit penser que, parmi les hommes, il en est beaucoup dont l'esprit est stérile, et qui veulent cependant dire quelque chose de remarquable. C'est ce qui fait que l'on entend des choses si singulières.

—

Les penseurs profonds et sérieux sont

dans une mauvaise position vis-à-vis du public.

—

Si l'on veut que je prête l'oreille à l'opinion d'autrui, qu'elle soit exprimée nettement. Je trouve en moi assez de problèmes.

—

La superstition est inhérente à l'homme. Si l'on veut la bannir complétement, elle se réfugie dans les plis et les recoins les plus singuliers de l'ame, d'où elle sort pour reparaître tout-à-coup lorsqu'on se croit le plus sûr de soi.

—

Il y a beaucoup de choses que nous connaîtrions bien mieux si nous ne voulions pas les connaître avec tant d'exactitude. Notre vue ne saisit bien les objets que sous un angle de quarante-cinq degrés.

—

Le microscope et le télescope troublent,

à proprement parler, la pureté du sens de la vue.

—

Je me tais sur bien des choses, car je ne veux pas porter le trouble dans l'esprit des hommes, et je suis très-satisfait lorsqu'ils se réjouissent sur des points dont je suis loin d'être content.

—

Tout ce qui affranchit notre esprit sans nous donner les moyens de maîtriser nos passions est pernicieux.

—

Ce qui intéresse les hommes dans un ouvrage d'art, *c'est ce qu'il est* et non *comment* il produit son effet; ils peuvent comprendre le premier point en s'attachant aux détails; mais ils ne peuvent saisir le second dans l'ensemble. Aussi, fait-on ressortir les endroits remarquables. Après un examen attentif, l'impression produite par l'ensemble se fait bien finalement sentir, mais on n'en a pas conscience.

Cette question : De quelle idée le poète s'est-il inspiré ? Appartient encore au premier point de vue. Le comment c'est ce que personne ne sait.

—

L'art seul, et en particulier la poésie, impose des limites à l'imagination. Il n'y a rien de terrrible comme l'imagination sans le goût.

—

Le maniéré est un faux idéal, un idéal où la personnalité se montre seule. Aussi, ne peut-il se passer facilement de l'esprit.

—

Le point essentiel pour le philologue est la concordance des idées dans les monuments conservés par l'écriture. Un manuscrit est donné ; il s'y trouve des lacunes réelles, des fautes matérielles qui produisent des interruptions dans le sens, et en général tous les défauts qu'on peut reprocher à un manuscrit. Maintenant s'offre une seconde copie, une troisième ; pour les comparer il faut s'attacher à la liaison logique des idées et à la pensée générale. Il y a plus, un pareil travail exige de lui que, par la seule pénétration de son esprit, sans secours extérieur, il sache saisir de plus en plus la concordance de toutes les parties. Un tact particulier, la faculté de pouvoir s'identifier avec son auteur, qui n'existe plus, lui sont nécessaires ; il lui faut même jusqu'à un certain degré de l'imagination et de l'invention. On ne doit donc pas savoir mauvais gré au philologue s'il se mêle de porter son jugement sur les matières de goût, quoiqu'il ne soit pas toujours heureux dans ses aperçus.

—

Le poète a pour but la représentation ; il atteint au plus haut degré de l'art lorsqu'il rivalise avec la réalité, c'est-à-dire lorsque ses tableaux sont tellement animés par l'esprit, que chacun les croit avoir sous les yeux. A son plus haut point de perfection, la poésie paraît toute extérieure; plus elle se retire dans le monde intérieur, plus elle est en danger de se perdre. Représenter le sentiment intérieur sans le revêtir d'une forme matérielle empruntée au monde extérieur, ne pas animer et spiritualiser la forme extérieure, sont les deux extrêmes par lesquels on entre dans la prose.

—

L'éloquence a le privilége de s'emparer de tous les avantages de la poésie et de tous ses droits. Elle se les approprie, en use et en abuse pour obtenir dans la vie sociale certains avantages extérieurs et passagers tantôt avoués tantôt réprouvés par la morale.

—

Lord Byron est un talent qui s'est développé dans toute sa grandeur naturelle, malgré son caractère sauvage et insociable.
Sous ce rapport il n'y a peut-être personne qui puisse lui être comparé.

Le mérite propre de ce qu'on appelle les *chants populaires*, c'est d'être inspirés immédiatement par la nature. Cet avantage, le poète dont le talent est cultivé par l'art pourrait l'avoir, s'il savait en profiter.

Mais il est un point sur lequel les premiers ont toujours l'avantage. Le talent simplement naturel l'emporte sur les esprits cultivés par le laconisme de l'expression.

La lecture de Shakespeare est dangereuse pour les talents naissants. Il les force à le reproduire et ils s'imaginent se produire eux-mêmes.

On ne peut juger l'histoire que quand on la trouve dans sa propre vie. Il en est ainsi d'une nation tout entière. Les Allemands ne savent juger la littérature que depuis qu'ils ont eux-mêmes une littérature.

On ne vit réellement que quand on jouit de la bienveillance des autres.

—

La dévotion n'est pas un but, mais un moyen pour arriver par le calme le plus pur de l'ame au plus haut dégré de perfectionnement moral.

—

Aussi, peut-on remarquer que ceux qui considèrent la dévotion comme le but sont pour la plupart des hypocrites.

—

Quand on est vieux on doit agir plus que quand on était jeune.

—

Un devoir rempli laisse toujours dans l'ame un sentiment qui ressemble au remords : celui de n'avoir pas assez fait.

—

Il n'y a que celui qui ne nous aime pas qui puisse bien connaître nos défauts ; aussi, pour les découvrir il faut oublier que l'on aime, mais tout juste assez pour le but qu'on se propose.

Le plus haut degré de bonheur consiste à nous perfectionner et à effacer nos défauts.

Nous ne reconnaissons la puissance qu'autant qu'elle nous est utile. Nous reconnaissons celle du prince, parce que nous voyons la propriété assurée sous son nom. Nous attendons de lui protection contre les événements qui nous menacent au dedans et au dehors.

Le ruisseau est l'ami du meûnier à qui il est utile, et il aime à faire tourner son moulin. Que lui sert-il de couler nonchalamment dans la vallée?

Celui qui se contente de la pure expérience et la prend pour guide, possède déjà beaucoup de vérité. L'enfant qui grandit en sait déjà beaucoup dans ce sens.

—

La théorie, en elle-même, n'est utile qu'en ce qu'elle nous fait croire à l'enchainement des phénomènes.

—

Toute vérité abstraite est mise à la portée du sens commun par les applications, et ainsi le sens commun s'élève, par la pratique et l'observation, jusqu'à l'abstraction.

—

Celui qui vise trop haut, celui qui se plaît dans les questions compliquées, est exposé à s'égarer.

—

Juger par analogie, n'est pas une méthode à blâmer; l'analogie a cet avantage qu'elle n'exclut rien, et ne se propose pas, à proprement parler, un but final; au contraire, l'induction est dangereuse, parce qu'elle a toujours un but devant les yeux, et en le poursuivant elle entraîne avec soi l'erreur et la vérité.

—

L'intuition, dans le sens vulgaire, c'est-à-dire un coup-d'œil juste pour saisir les affaires du monde, est le partage du sens commun.
L'intuition pure du monde extérieur et intérieur est très-rare.

—

Le premier de ces deux genres d'intuition se manifeste avec le sens pratique, par l'action prompte et soudaine; le second, par des symboles, principalement par les rapports mathématiques, par les nombres et les formules, par le langage primitif figuré, comme poésie du génie, comme proverbe du sens commun.

—

C'est par la tradition que le passé agit sur nous. La tradition ordinaire doit s'appeler historique. Une tradition plus élevée, qui s'adresse à l'imagination, est mythique. Si dans cette dernière on veut en trouver une troisième, en y cherchant un sens, elle devient mystique; elle prend même facilement le caractère sentimental, tant il est vrai que nous ne nous approprions véritablement que ce qui parle à notre cœur.

—

Les causes auxquelles nous devons faire attention lorsque nous voulons obtenir un véritable succès, sont :

Celles qui préparent;

Celles qui accompagnent;

Celles qui agissent simultanément, ou comme auxiliaires;

Celles qui accélèrent;

Celles qui augmentent la force;

Celles qui font obstacle;

Celles qui produisent de nouveaux effets.

—

Dans la spéculation, comme dans l'action, on doit distinguer le possible de l'impossible ; sans cela on fait peu de progrès dans la vie comme dans les sciences.

—

« *Le sens commun est le génie de l'humanité.* »

Le sens commun, que l'on peut regarder comme le génie de l'humanité, doit être considéré avant tout dans ses manifestations. Or, si nous examinons à quoi l'humanité s'applique, nous trouverons ce qui suit :

L'humanité a des besoins qui sont les conditions de sa nature ; s'ils ne sont pas satisfaits, elle se montre impatiente; sont-ils satisfaits, elle paraît indifférente. L'homme se meut entre ces deux états, et il emploie sa raison, ce qu'on appelle vulgairement la raison humaine, à pourvoir à ses besoins. A-t-il atteint ce but, alors naît pour lui la nécessité de combler le vide de l'indifférence. S'il se renferme ici dans d'étroites limites, dans les bornes nécessaires, il peut y réussir encore ; mais si les besoins s'élèvent, s'ils sortent du cercle des choses communes, le sens commun ne suffit plus ; il n'est plus *génie*. La région de l'erreur est ouverte à l'homme.

—

Il n'arrive en ce monde rien de déraisonnable que la raison et le hasard ne puisse redresser, rien de raisonnable que la déraison et le hasard ne puisse faire manquer.

—

Toute grande idée, aussitôt qu'elle apparaît, exerce une domination tyrannique. Aussi les avantages se changent bientôt en désavantages. On peut défendre chaque institution pour peu qu'on sache se rappeler et démontrer que tout ce qu'on a pu dire d'elle primitivement, on peut encore le dire maintenant.

—

Il existe dans ce monde deux puissances pacifiques : le droit et la convenance.

Le droit a pour objet le délit, la police ce qui est de convenance publique.

Le droit délibère et décide, la police surveille et ordonne. Le droit a rapport aux individus, la police à l'intérêt général.

—

L'histoire des sciences est un grand concert dans lequel on distingue successivement la voix des différents peuples.

Deuxième Partie.

―――

Si l'homme doit faire tout ce qu'on exige de lui, il doit aussi s'estimer plus qu'il n'est.

—

Il y a des livres qui paraissent écrits, non pour l'instruction du lecteur, mais pour lui apprendre que l'auteur savait quelque chose.

Il est beaucoup plus facile de se placer au point de vue d'un homme qui est dans une erreur complète que de de se mettre à la place de celui qui se fait illusion, séduit par une demi-vérité.

Le plaisir que la médiocrité dans les arts fait éprouver aux Allemands vient de la nullité prétentieuse. La nullité ne peut souffrir ce qui est bien; autrement elle reconnaîtrait son néant.

Il est triste de voir comment un homme extraordinaire lutte souvent avec lui-même, avec les circonstances malheureuses de sa vie et avec son siècle, sans jamais parvenir à la fortune. Bürger en est un exemple déplorable.

La plus grande marque d'estime qu'un auteur puisse donner au public est de produire non pas ce qu'on attend de lui, mais ce qu'il croit bon et utile, eu égard à son propre talent, et au degré de culture des esprits auxquels il s'adresse.

—

La sagesse n'est que dans la vérité.

—

Si je me trompe, tout le monde peut s'en apercevoir; si je mens il n'en est pas de même.

—

L'Allemand possède la liberté de penser, et c'est pour cela que, lorsqu'il manque de goût et de liberté d'esprit, il ne s'en aperçoit pas.

—

Le monde n'est-il pas déjà assez rempli d'énigmes, pour qu'on ne transforme pas en énigmes les choses les plus simples.

—

Le plus petit cheveu fait ombre.

—

La libéralité obtient la faveur générale, surtout si l'humilité l'accompagne.

Avant l'orage la poussière qui va disparaître pour long-temps se soulève pour la dernière fois avec violence.

—

Les hommes ont beaucoup de mal à se connaître, même lorsqu'ils sont animés de la meilleure intention. Comment y parviendraient-ils avec la mauvaise volonté qui défigure tout.

—

Les hommes se connaîtraient mieux les uns les autres si chacun ne voulait être l'égal de son semblable.

—

Les personnages distingués sont dans une position plus défavorable que les autres hommes ; comme on ne se compare pas à eux, on les observe.

—

Dans le monde, l'essentiel n'est pas de connaître les hommes, mais d'être plus habile pour le moment présent que celui qui est en face de nous. Toutes les foires et les charlatans en fournissent l'exemple.

—

Il n'y a pas de grenouilles partout où il y a de l'eau, mais il y a de l'eau partout où l'on entend des grenouilles.

—

Celui qui ne sait aucune langue étrangère ne sait pas sa propre langue.

—

L'erreur nous va bien tant que nous sommes jeunes ; mais il ne faut pas la traîner avec soi jusque dans la vieillesse.

—

Tous les travers qui vieillissent sont comme les matières qui rancissent.

—

Les prétentions déraisonnables et despotiques du cardinal Richelieu ont fait que Corneille s'est trompé sur lui-même.

—

Il n'y a personne qui n'ait, dans son caractère un côté qui mis au jour, ne pourrait manquer de déplaire.

—

Lorsque l'homme vient à réfléchir sur son physique ou sur son moral, il se trouve ordinairement malade.

—

La nature demande que l'homme s'étourdisse quelquefois sans dormir. De là vient le plaisir de fumer, de boire des liqueurs fortes et de prendre de l'opium.

—

L'essentiel pour l'homme moral est de faire le bien sans s'inquiéter du résultat.

—

Plus d'un homme donne des coups de marteau sur le mur en croyant frapper juste sur la tête du clou.

—

Les mots français ne viennent pas du latin écrit, mais du latin parlé.

Un fait accidentel où nous ne découvrons pour le moment ni une loi de la nature ni un effet de la liberté, nous l'appelons un accident de la vie commune.

—

Écrire l'histoire est une manière de se débarrasser du passé.

—

Ce que l'on ne comprend pas, on ne le possède pas.

—

Les faveurs ne sont le symbole de la souveraineté que pour les hommes faibles.

—

Il n'y a rien de commun qui, exprimé d'une manière bizarre, ne paraisse *humoristique*.

—

Il n'y a personne à qui il ne reste assez de forces pour exécuter ce dont il est convaincu.

—

La mémoire peut toujours nous abandonner pourvu que le jugement ne nous manque pas dans l'occasion.

—

Les poëtes inspirés par la nature sont des talents dont la verve naïve et originale est repoussée par une époque raffinée. Comme ils ne peuvent éviter de tomber souvent dans le trivial, on s'imagine facilement qu'ils sont rétrogrades. Mais, au contraire, ce sont des esprits régénérateurs, qui provoquent de nouveaux progrès.

—

Le jugement d'une nation n'est formé que du moment où elle peut se juger elle-même. Mais cette haute prérogative elle ne l'obtient que fort tard.

—

Les hommes sont contrariés de voir que la vérité soit si simple ; ils devraient se rappeler qu'il n'est pas facile de l'appliquer aux besoins de la vie pratique.

Une école doit être considérée comme un homme qui s'entretient avec lui-même pendant des siècles et qui est infatué de sa personne quelque absurde et ridicule qu'elle soit.

Tous les adversaires d'une idée nouvelle remuent des charbons ardents qui jetés çà et là mettent le feu dans des endroits où il n'aurait pas pris.

L'homme ne serait pas sur la terre le plus parfait des êtres, s'il n'était pas trop parfait pour elle.

Les plus anciennes découvertes peuvent rentrer dans l'oubli. Quelle peine n'a-t-il pas fallu à Tycho pour faire admettre le cours régulier des comètes qui avait été reconnu depuis long-temps par Senèque.

Combien de temps n'a-t-on pas disputé sur les antipodes?

Il faut laisser à certains esprits leurs idiotismes.

—

Il y a des productions dans notre époque qui sont nulles sans être précisément mauvaises. Elles sont nulles parce qu'elles manquent d'idées. Elles ne sont pas mauvaises parce que l'auteur a eu devant les yeux la forme générale des bons modèles.

—

Tout devient inintelligible pour celui qui a peur des idées.

—

Nous avons raison d'appeler nos maîtres ceux dont nous apprenons toujours. Mais tout ceux dont nous apprenons ne méritent pas ce titre.

—

Tout ce qui est lyrique doit être très-raisonnable dans l'ensemble, mais dans les détails un peu déraisonnable.

—

Vous ressemblez à la mer qui prend différents noms, et n'est toujours en définitive que de l'eau salée (1).

—

On dit *propria laus sordet*, cela peut être; mais le blâme qui vient d'autrui, lorsqu'il est injuste, quel odeur a-t-il ? Pour cela, le public n'a pas de nez.

—

Le roman est une *épopée subjective* dans lequel l'auteur se permet de traiter le monde à sa manière. La question est seulement de savoir s'il a une manière à lui; le reste se trouve de soi-même.

—

Il existe des natures problématiques qui ne sont jamais à la hauteur de leur position et n'en sont jamais satisfaites. De là cette lutte intérieure dans laquelle leur vie se consume sans leur permettre aucune jouissance.

---

(1) Goethe s'adresse à ses adversaires.

Ce qu'on peut appeler véritablement le bien se fait en grande partie *clam, vi et precario*.

—

Un gai compagnon dans un voyage à pied vaut un carosse.

—

La boue devient brillante lorsque le soleil luit.

—

Le meunier s'imagine que le blé ne croit que pour faire tourner son moulin.

—

Il est difficile de conserver son égalité d'humeur à tous les instants de la vie. Les moments indifférents nous causent de l'ennui, les bons nous pèsent et les mauvais nous accablent.

—

L'homme le plus heureux est celui qui sait mettre en rapport la fin de sa vie avec le commencement.

L'homme est singulièrement en contradiction avec lui-même. Quand il s'agit de son bien, il ne veut souffrir aucune contrainte, et pour ce qui lui porte préjudice, il endure toute espèce de violence.

—

Nous voyons l'avenir par un seul côté, le passé nous apparaît sous plusieurs faces.

—

Rien n'est plus ordinaire aux imprévoyants que de chercher des expédients pour sortir d'embarras.

—

Les Indous du désert font vœu de ne pas manger de poisson.

—

Une vérité insuffisante exerce son influence pendant quelques temps; mais au lieu d'une manifestation plus parfaite de la vérité, paraît une erreur brillante. Le monde s'en contente et se fait illusion ainsi pendant des siècles.

C'est rendre un très-grand service à la science que de rechercher et de développer les vérités incomplètes que possédaient déjà les anciens.

—

Il en est des opinions hasardées comme des pions qu'on met en avant dans le jeu d'échecs : elles peuvent être battues ; mais elles ont contribué au gain de la partie.

—

Il est aussi certain qu'étonnant que la vérité et l'erreur découlent de la même source. Aussi, souvent on ne peut toucher à l'erreur sans nuire en même temps à la vérité.

—

La vérité appartient à l'homme, l'erreur au temps. C'est ce qui a fait dire d'un homme extraordinaire : « Le malheur des » temps a causé son erreur, mais la force » de son ame l'en a fait sortir avec gloire. »

Chacun a ses originalités dont il ne peut se débarrasser; cependant, plus d'un homme se perd par ses originalités souvent les plus innocentes.

—

Celui qui n'a pas une haute opinion de lui-même est beaucoup plus qu'il ne croit.

—

Dans l'art et dans la science, aussi bien que dans l'action et la pratique, l'essentiel est de saisir nettement les objets, et de les traiter conformément à leur nature.

—

Si, parmi les hommes avancés en âge, il en est qui, malgré beaucoup d'esprit et de bon sens, estiment peu la science, cela vient de ce qu'ils ont été trop exigeants envers elle et envers eux-mêmes.

—

Je plains les hommes qui parlent sans cesse de l'instabilité des choses de ce monde, et se perdent dans la contemplation de leur néant. Ne sommes-nous pas ici-bas pour rendre impérissable ce qui est de sa nature périssable? Or cela ne peut arriver si nous ne savons estimer ce qui passe comme ce qui est éternel.

—

Un seul phénomène, une seule expérience ne prouvent rien. C'est l'anneau d'une grande chaîne, et il n'a de valeur qu'autant qu'il n'en est pas séparé. Celui qui, voulant vendre un collier de perles, ne montrerait que la plus belle, disant que les autres sont d'une égale beauté, et demanderait à être cru sur parole, trouverait difficilement un acheteur.

—

On doit de temps en temps répéter sa confession de foi, délarer ce qu'on approuve, ce que l'on condamne; nos adversaires ne s'en font pas faute.

—

Dans notre époque, personne ne doit se

taire ni céder en rien ; on doit parler et se remuer, non pas pour vaincre, mais pour se maintenir à son poste ; que ce soit avec la majorité ou avec la minorité, peu importe.

Il se rencontre souvent des occasions où une œuvre d'art me déplaît au premier coup-d'œil, parce que je ne suis pas encore en état de la juger ; mais si je remarque en elle un mérite, je l'étudie davantage, et alors je fais une foule de découvertes qui me font le plus grand plaisir ; j'aperçois dans ces choses de nouvelles qualités, et en moi de nouvelles capacités.

Ce que les Français appellent *tournure*, est une certaine prétention tempérée par la grâce. On voit par là que les Allemands manquent tout-à-fait de tournure ; leur prétention est raide et pleine de morgue ; la grâce chez eux est douce et humble ; l'un exclut l'autre, et ces deux qualités ne peuvent aller ensemble.

—

La foi est un capital secret et toujours en réserve, comme il existe des caisses d'épargne pour les jours de détresse; et ici le croyant prend lui-même en secret ses intérêts.

—

Le véritable obscurantisme ne consiste pas à s'opposer à la propagation des idées vraies, claires et utiles, mais à en répandre de fausses.

—

Jusqu'ici je me suis occupé, avec persévérance, de la biographie des hommes plus ou moins illustres. J'en suis venu à penser que, dans le tissu de la société, les uns peuvent être considérés comme la trame, les autres comme la chaîne. Les premiers font la largeur du tissu; les seconds donnent la force, la solidité, et peut-être aussi la forme. Les ciseaux des Parques déterminent la longueur à laquelle tout le reste doit se soumettre.

Les livres aussi ont leur histoire qu'on ne peut leur enlever :

« Celui qui n'a pas mangé son pain ar-
» rosé de ses larmes ; celui qui n'a pas passé
» de tristes nuits assis sur sa couche, en ver-
» sant des pleurs ; celui là ne vous connait
» pas, ô puissances célestes ! »

Ces lignes, remplies d'une profonde douleur, une reine vertueuse et adorée les répétait souvent dans un cruel exil, et plongée dans un abîme de maux (1). Elle aimait le livre qui contient ces paroles et d'autres tristes enseignements ; elle en tirait une consolation dans son infortune. Qui songe à une pareille influence qui peut ainsi s'étendre jusque dans l'éternité ?

On voit avec le plus grand plaisir, dans

---

(1) La reine Louise, femme du roi de Prusse Frédéric-Guillaume III.

la salle d'Apollon de la villa Aldobrandini, à Frascati, avec quel bonheur le Dominicain encadrait les métamorphoses d'Ovide dans le paysage le plus convenable. A cette vue on se rappelle volontiers que les événements les plus heureux produisent une impression doublement agréable, lorsqu'ils sont placés dans une contrée enchanteresse. Les événements indifférents eux-mêmes acquièrent une grande importance, grâce à la beauté du lieu.

—

La vérité est un flambeau, mais un flambeau immense ; aussi nous clignons de l'œil en passant devant lui, de peur de nous brûler.

—

« Les hommes sensés ont beaucoup de
» principes communs. » (Eschyle.)

—

Un défaut particulier à des hommes, d'ailleurs fort sensés, c'est de ne pas savoir tenir compte de ce que disent les autres.

Or, il ne s'agit pas de ce que ceux-ci devraient dire, mais de ce qu'ils disent.

—

Tout homme, parce qu'il est doué de la parole, croit pouvoir parler sur la langue.

—

Il suffit de vieillir pour devenir plus indulgent. Je ne vois pas commettre une faute que je n'aie commise moi-même.

—

Les heureux du monde croient-ils que le malheureux doit périr devant eux avec la même grace que la populace romaine exigeait des gladiateurs?

—

Quelqu'un consultait Timon sur l'instruction de ses enfants. Faites-leur enseigner, dit-il, ce qu'ils ne comprendront jamais.

—

On regarde par habitude une montre qui s'est arrêtée, comme si elle marchait; ainsi, on considère la figure d'une belle femme comme si elle aimait encore.

—

La haine est un déplaisir actif, l'envie un déplaisir passif; aussi, ne doit-on pas s'étonner que l'envie se change si souvent en haine.

—

La rythme a quelque chose d'enchanteur. Il nous fait croire que le sublime nous appartient.

—

Le dilettantisme sérieux et la science traitée mécaniquement deviennent de la pédanterie.

—

Personne ne peut contribuer au progrès de l'art, si ce n'est les grands maîtres. Des protecteurs contribuent à faire avancer l'artiste, mais l'art n'y gagne pas toujours.

—

Le style de Shakespeare est riche en figures extraordinaires qui proviennent d'idées abstraites personnifiées. Elles ne nous conviendraient certainement pas ; mais chez lui elles sont tout-à-fait à leur place, parce que de son temps tous les arts étaient dominés par l'allégorie. Il trouve aussi des comparaisons où nous n'irions pas les chercher. Par exemple il prendra pour terme de comparaison un livre. Quoique la découverte de l'imprimerie remontât déjà à plus d'un siècle, un livre paraissait néanmoins encore une chose sacrée, comme nous le voyons par les reliûres du temps ; de même aussi un livre était pour le noble poëte un objet digne d'amour et de vénération. Nous, au contraire, nous nous contentons de brocher les livres et nous n'avons plus de respect ni pour la reliûre ni pour son contenu.

—

La plus folle de toutes les erreurs est celle de ces braves jeunes gens qui s'imaginent perdre leur originalité en reconnaissant des vérités que d'autres ont déjà reconnues avant eux.

La beauté ne peut jamais avoir la conscience d'elle-même.

—

On a accordé à la poésie subjective ou sentimentale les mêmes droits qu'à la poésie objective et descriptive. Et c'était une nécessité ; car autrement il eût fallu rejeter entièrement la poésie moderne. On pouvait prévoir alors que s'il naissait des génies poétiques ils s'attacheraient plutôt aux sentiments de la vie intime qu'aux pensées générales de l'humanité. Il est arrivé en effet jusqu'à un certain point que l'on a une poésie sans figures, et à laquelle cependant on ne peut refuser entièrement son approbation.

Troisième Partie.

Il est beaucoup plus facile de reconnaître l'erreur que de trouver la vérité. La première est à la surface, et chacun peut aisément la saisir; la seconde est à une profondeur où il n'est pas donné à tout le monde de pénétrer.

—

Nous ne vivons que par le passé, et le passé nous perd.

Quand nous voulons apprendre quelque chose de grand, nous sommes obligés de faire un retour sur notre misérable nature, et par cela même nous avons appris quelque chose.

—

La superstition est la poésie de la vie; c'est pourquoi il n'est pas mal que le poète soit superstitieux.

—

La vie de l'homme a beau être commune et paraître se contenter des choses les plus vulgaires, elle lui impose toujours secrètement des exigences plus élevées, et le force à trouver les moyens de les satisfaire.

—

On ne doit jamais souhaiter des liaisons qui ne sont pas convenables; mais, pour celui qui s'y trouve engagé, elles sont la pierre de touche de son caractère et de sa force d'âme.

—

Un honnête homme, d'un esprit borné,

pénètre souvent les artifices des *faiseurs* les plus rusés.

—

Celui qui ne se sent pas capable d'aimer, doit apprendre à flatter. Sans cela, il ne peut réussir.

—

On ne peut ni se protéger ni se défendre contre la critique; il faut la braver, et à la fin elle se lasse.

—

La foule ne peut se passer des hommes de talent; cependant les hommes supérieurs lui sont toujours à charge.

—

Celui qui rapporte mes fautes, lors même qu'il serait mon valet, est mon maître.

—

Si l'on impose à quelqu'un des devoirs, et qu'on ne veuille lui accorder aucun droit, il faut le bien payer.

—

Ce qu'on appelle l'aspect romantique d'une

contrée, est un sentiment paisible du sublime, sous la forme du passé, ou, ce qui est la même chose, de la solitude, de l'absence et de la mort.

—

Le magnifique chant d'église *Veni creator spiritus* est un appel au génie. Aussi agit-il puissamment sur les ames fortes et élevées.

—

Le beau est une manifestation des lois secrètes de la nature, qui, sans cette révélation, seraient toujours restées inconnues.

—

Je puis promettre la franchise et non l'impartialité.

—

L'ingratitude est une espèce de faiblesse. Je n'ai jamais vu d'hommes supérieurs ingrats.

—

La vraie mesure dans tout ce qui tend à la perfection, sous le rapport du bien et du juste, est très-rare. Un excès de prudence produit ordinairement des retards. La témérité engendre la précipitation.

—

Les paroles et les images sont des termes corrélatifs qui se cherchent sans cesse, comme nous nous apercevons dans les tropes et les comparaisons. Aussi, tout ce qui, dans la parole et le chant, s'adresse à l'esprit par l'intermédiaire de l'oreille, devrait également frapper les yeux. Et ainsi nous voyons dans la législation et la médecine des peuples enfants, dans la Bible et les anciens alphabets, le mot et l'image se correspondre toujours. Exprimait-on par la parole ce qui ne pouvait se peindre aux yeux? Peignait-on aux yeux ce qui ne pouvait s'exprimer par la parole? Tout était dans l'ordre. Mais souvent on commettait une méprise, et on se servait de la parole au lieu de la figure; de là naquirent ces monstrueux équivoques d'un langage mystique et symbolique.

Une collection d'anecdoctes et de maximes est pour l'homme du monde le plus grand trésor, lorsqu'il sait semer les premières avec habileté dans la conversation et se rappeler les dernières à propos.

—

On dit à l'artiste : Etudiez la nature. Mais ce n'est pas une petite difficulté que de tirer le noble du commun et de donner le caractère de la beauté à ce qui est informe.

—

Où l'intérêt cesse se perd aussi la mémoire.

—

Le monde est une cloche fêlée, elle fait du bruit mais elle ne sonne pas.

—

On doit supporter avec beaucoup de bienveillance l'importunité des jeunes dilettantes. Ils deviennent en avançant en âge les vrais admirateurs de l'art et des grands maîtres.

Lorsque les hommes deviennent tout-à-fait méchants, ils n'ont pas de plus grand plaisir que de contempler le mal d'autrui.

—

Les hommes sensés sont les meilleurs dictionnaires de conversation.

—

Il y a des hommes qui ne se trompent jamais : parce qu'ils ne se proposent rien de sensé.

—

La connaissance de mes rapports avec moi-même et avec le monde extérieur est ce que j'appelle vérité : aussi chacun peut avoir sa vérité à lui, et cependant la vérité est toujours la même.

—

Celui à qui la nature commence à dévoiler ses secrets éprouve un désir irrésistible de connaître son plus digne interprète, l'art.

—

Le temps est lui-même un élément.

L'homme ne comprend jamais combien il est anthropomorphique.

—

Une différence qui n'offre aucun sens à la raison n'est pas une différence.

—

La transformation d'une consonne dans une autre peut provenir d'un défaut dans l'organe; le changement des voyelles en diphtongues vient de l'affectation.

—

On ne peut vivre pour tout le monde, surtout pour ceux avec lesquels on ne voudrait pas vivre.

—

L'appel à la postérité naît d'un sentiment pur et vif de l'immortalité.

—

Lorsque j'entends parler des idées *libérales*, je suis étonné de voir combien les hommes aiment à se repaître de mots vides de sens. Une idée ne peut être libérale; qu'elle soit puissante, excellente; que par là elle remplisse sa mission divine d'être utile à l'humanité, à la bonne heure. Encore moins une idée abstraite peut-elle être libérale ; car elle a une tout autre destination. Où donc doit-on chercher ce qu'on appelle libéral ? Dans les sentiments ; c'est-à-dire dans la partie la plus intime de l'ame humaine. Les intentions sont rarement libérales, parce qu'elles émanent immédiatement de la personne, de ses rapports avec la société et de ses besoins. Nous n'en disons pas davantage ; on peut apprécier d'après cela ce qu'on entend tous les jours.

—

Nous voyons toujours avec nos yeux et notre imagination ; la nature seule sait ce qu'elle veut et ce qu'elle a voulu.

—

Donnez-moi un point d'appui, disait Archimède. Cherche toi-même le tien, a dit un autre. Moi je dirai : Garde celui que tu as.

—

L'observateur de la nature cherche les

causes les plus générales, et attribue les phénomènes semblables à une cause générale, mais on pense rarement à la cause prochaine.

———

Il n'arrive jamais à un homme sensé d'avoir une petite folie.

———

Dans tout objet d'art, grand ou petit, considéré jusque dans les plus petits détails, tout dépend de la conception.

———

Il y a une poésie sans figures qui n'est qu'une figure.

———

La perfection est inépuisable.

———

On ne croit savoir que quand on sait peu; avec la science augmente le doute.

———

Ce sont les erreurs de l'homme qui le rendent particulièrement digne d'intérêt.

Bonus vir semper tiro.

Arrêté par l'envie et la haine l'observateur ne voit que la surface des choses, même lorsqu'il est doué d'une grande sagacité ; mais si, à cette qualité, se joignent la bienveillance et l'amour, alors il pénètre très-avant dans la connaissance du monde et du cœur humain. Il peut même espérer d'en dévoiler les mystères.

On devrait souhaiter à tout homme sensé une certaine dose de poésie. Ce serait le vrai moyen de lui donner de la dignité et de la grâce, quelle que fût sa position.

Les *matériaux* de l'art sont à la portée de tous. L'*idée* n'appartient qu'à l'esprit original, et la *forme* est un secret presque pour tout le monde.

Les hommes ne sympathisent qu'avec ce

qui est plein de vie. La jeunesse se forme dans le commerce de la jeunesse.

—

De quelque manière que nous considérions le monde il aura toujours deux côtés : l'un lumineux, l'autre ténébreux.

—

L'erreur se reproduit toujours davantage dans la conduite des hommes. On ne doit donc pas se lasser de répéter la vérité dans ses discours.

—

A Rome il y a, indépendamment des Romains, tout un peuple de statues; de même, en dehors du monde réel, il y a un monde imaginaire bien plus puissant que le premier, et au milieu duquel vivent la plupart des hommes..

—

Les hommes sont comme la mer Rouge : à peine la verge les a-t-elle séparés qu'ils se réunissent.

Les pensées reviennent, les convictions s'enracinent ; les états passent sans laisser de traces.

—

De tous les peuples ce sont les Grecs qui ont rêvé le plus beau rêve de la vie.

—

Les traducteurs peuvent être considérés comme des entremetteurs qui nous vantent les attraits d'une belle à moitié voilée ; ils excitent en nous un irrésistible désir de voir l'original.

—

Nous reconnaissons volontiers la supériorité des anciens, mais non pas celle de la postérité. Il n'y a qu'un père qui n'envie pas à son fils la supériorité du talent.

—

Reconnaître son infériorité en général n'est pas un grand mérite ; mais, dans une ligne descendante, mettre au-dessus de nous ce qui est au-dessous !...

Notre principale habileté consiste à sacrifier notre existence pour exister!

—

Tout ce que nous faisons est une fatigue; heureux celui qui ne se fatigue pas.

—

L'espérance est la seconde ame du malheureux.

—

Il y a aussi dans l'homme la volonté de servir; c'est pour cela que la chevalerie chez les Français s'appelait *servage*.

—

Au théâtre, la jouissance de l'ouïe et de la vue absorbent la réflexion.

—

L'expérience a un champ illimité; la théorie ne peut se perfectionner et s'étendre dans la même proportion; à la première, l'univers est ouvert en tout sens; la seconde reste enfermée dans les limites des facultés humaines. Aussi toutes les opinions se reproduisent-elles nécessairement, et, chose singulière, malgré les progrès de l'expérience, une théorie étroite peut reprendre faveur.

C'est toujours le même monde que nous contemplons, que nous étudions ; ce sont toujours les mêmes hommes qui vivent dans le vrai ou dans le faux ; plus souvent dans le dernier que dans le premier.

La vérité répugne à notre nature ; il n'en est pas de même de l'erreur, par une raison toute simple. La vérité exige que nous reconnaissions les limites de nos facultés. L'erreur, au contraire, nous flatte en nous persuadant que notre esprit n'a pas de bornes.

Depuis bientôt vingt ans, les Allemands s'occupent d'idées transcendantes ; quand ils s'en apercevront, ils se trouveront bien extraordinaires.

—

De tout temps ce sont les individus qui ont travaillé au progrès de la science, et ce n'est pas au siècle qu'il faut l'attribuer. C'est le siècle qui a fait périr Socrate par le poison ; c'est le siècle qui a brûlé Jean Huss. Les siècles sont toujours restés les mêmes.

—

La vraie symbolique consiste à représenter le général sous une forme particulière, et celle-ci non comme un rêve ou une ombre, mais comme une révélation vivante et actuelle de l'absolu.

—

La supériorité est souvent prise pour de l'égoïsme.

—

Aussitôt que cessent les bonnes œuvres vient la sentimentalité chez les protestants.

—

Tout ce qui est spinosisme dans la production poétique, devient machiavélisme dans la réflexion.

—

Il faut payer cher ses erreurs, et encore est-on bien heureux si on le peut.

—

Nihil rerum mortalium tam instabile ac fluxum est quàm potentia non suâ vi nixa.

—

Il y a deux sortes de faux artistes, les dilettantes et les spéculateurs. Les premiers font de l'art pour leur plaisir, les seconds par intérêt.

—

Je suis naturellement sociable; aussi dans plusieurs entreprises littéraires, j'ai trouvé des collaborateurs, et je me suis fait moi-même collaborateur; j'ai eu ainsi le bonheur de me voir vivre en eux, et eux en moi.

—

Toute ma vie intérieure se révèle comme

une méthode vivante d'invention, qui, reconnaissant une règle inconnue, s'efforce de la trouver ou de l'introduire dans le monde extérieur.

—

Il y a une réflexion enthousiaste qui est du plus haut prix, pourvu qu'on ne se laisse pas entraîner par elle.

—

L'erreur est à la vérité ce que le sommeil est à la veille. J'ai remarqué qu'on revient de l'erreur à la vérité comme délassé par le sommeil.

—

Chacun souffre alors qu'il ne travaille pas pour lui-même. On travaille pour les autres afin de jouir avec eux.

—

Nous apprenons seulement des livres que nous ne pouvons juger. L'auteur d'un livre que nous pouvons juger devrait apprendre de nous.

Aussi la Bible est un livre qui exercera une éternelle influence; car tant que le monde existera, on ne verra personne oser élever la voix et dire : Je la conçois dans son ensemble et je la comprends dans ses parties. Quant à nous, nous dirons modestement : Dans son ensemble ce livre est vénérable, et dans ses détails applicable.

—

La pensée mystique est un développement transcendant de l'intelligence qui se sépare d'une partie du monde réel et croit le laisser loin derrière elle. Plus est grand et important l'objet auquel on renonce, plus sont riches les productions mystiques.

—

La poésie orientale mystique a ce grand avantage que l'adepte, en renonçant à la richesse du monde, l'a toujours à sa disposition. Il se trouve ainsi toujours au milieu de l'abondance à laquelle il renonce, et nage dans les voluptés dont il voudrait s'affranchir.

—

Un homme d'esprit a dit : La nouvelle mystique est la dialectique du cœur ; elle frappe et séduit les esprits, parce qu'elle exprime des choses auxquelles l'homme ne peut arriver par la voie ordinaire du raisonnement, de l'intelligence et de la religion. Celui qui se croit assez de courage et de force pour l'étudier, sans se laisse étourdir, peut se précipiter dans cet antre de *Trophonius*, toutefois à ses risques et périls.

—

Les Allemands devraient rester pendant trente ans sans prononcer le mot *sentiment*. Alors on verrait renaître peu-à-peu le sentiment; maintenant il est synonyme d'indulgence pour les faiblesse des autres et pour les siennes propres.

—

Certains caractères érigent leur faiblesse

en loi. Des hommes qui connaissent bien le monde ont dit : L'habileté accompagnée de la peur est invincible. Les hommes faibles ont souvent des idées révolutionnaires ils pensent qu'ils se trouveraient mieux s'ils n'étaient pas gouvernés, sans songer qu'ils sont incapables de gouverner ni eux-mêmes ni les autres.

La lutte des anciennes et des nouvelles idées, de l'esprit de stabilité ou de conservation et de l'esprit d'innovation est perpétuelle. L'ordre finit par engendrer la routine. Pour détruire celle-ci, on veut renverser le premier. Plus tard il arrive un moment où l'on sent la nécessité de rétablir l'ordre. Ecoles classique et romantique, priviléges des corporations, liberté du commerce, maintien et morcellement de la propriété, c'est toujours la même lutte qui en engendre une autre. La plus grande habileté du souverain consiste à rendre cette lutte moins acharnée et à balancer l'un par l'autre les deux principes opposés, sans en détruire aucun. Mais un pareil résultat n'est pas accordé à l'homme et ne paraît pas dans les vues de la divinité.

—

Quel est le meilleur système d'éducation? Réponse : celui des Hydriotes. Insulaires et marins ils prennent leurs enfants dans leur navire et les habituent ainsi au service de la mer. Ceux-ci, lorsqu'ils se distinguent, ont part aux bénéfices; ils prennent par là intérêt au commerce, aux échanges, au butin et deviennent d'excellents matelots, d'habiles commerçants et des pirates intrépides. De cette foule peuvent sortir des héros qui de leur main attacheront le brandon destructeur au vaisseau amiral de la flotte ennemie.

—

Tout ce qui est parfait nous fait sortir des limites de notre intelligence, parce que nous ne nous sentons pas encore arrivés à cette hauteur. Ce n'est que quand une idée est entrée dans le cercle de notre développement intellectuel, et que nous l'avons appropriée aux forces de notre esprit et de notre ame, que nous en apercevons la valeur.

—

Il n'est pas étonnant que la médiocrité nous plaise plus ou moins; car elle nous laisse en repos; elle nous donne le même sentiment agréable que si nous nous trouvions avec nos égaux.

—

Ne cherchez pas à corriger un esprit commun, il restera toujours le même.

—

Il y a tant d'hommes d'un vrai mérite dispersés dans ce monde, et qui vivent dans la même époque! Mais malheureusement ils ne se connaissent pas.

—

Quel est le meilleur gouvernement? Celui

qui nous apprend à nous gouverner nous-mêmes.

—

Il peut arriver quelquefois que des malheurs publics et domestiques viennent frapper l'homme à coups redoublés d'une manière terrible ; seulement, l'impassible destin, en frappant les épis, ne touche que la paille. Les grains ne s'en ressentent pas et sautent sur l'aire çà et là, sans se soucier s'ils doivent aller au moulin ou au champ.

—

Les meilleures pièces de Shakespeare manquent dans quelques endroits de facilité. Elles sont en quelque sorte plus qu'elles ne devraient être ; et, par cela même, elles révèlent le grand poëte.

—

La plus grande probabilité de voir nos vœux accomplis laisse encore un doute ; c'est pourquoi, quand nos espérances se réalisent, nous sommes toujours surpris.

Nous sommes obligés de prêter aux arts de toutes les époques; mais nous restons toujours débiteurs de l'art grec.

—

Vis superba formæ, belle expression de *Johannes secundus*.

—

La sentimentalité des Anglais est humoristique et tendre; celle des Français est commune et pleure facilement; celle des Allemands est naïve et naturelle.

—

L'absurde, représenté sous une forme élégante, excite à-la-fois la répugnance et l'admiration.

—

On a dit de la bonne société : sa conversation est instructive; son silence est encore une leçon.

—

Il n'y a rien de terrible comme de voir agir l'ignorance.

On doit se tenir à distance de la beauté et de l'esprit, si l'on ne veut par devenir leur esclave.

—

Le mysticisme est la scholastique du cœur, la dialectique du sentiment.

—

On ménage les vieillards comme on ménage les enfants.

—

Le vieillard perd un des plus grands droits de l'humanité : celui d'être jugé par ses pairs.

—

Il m'est arrivé dans les sciences ce qui arriverait à un homme qui, s'étant levé de grand matin, attendrait avec impatience que l'aurore et le jour vinssent dissiper les ténèbres; et qui, lorsque le soleil aurait paru, se trouverait aveuglé par l'éclat de ses rayons.

—

On dispute beaucoup et on disputera en-

encore long-temps sur les avantages et les inconvénients de la propagation de la Bible. Il m'est évident qu'elle sera nuisible comme elle l'a été jusqu'à présent, si l'on en fait un usage dogmatique et fantastique; elle sera utile comme enseignement qui s'adresse à l'esprit et au cœur.

—

Les forces primitives de la nature qui se développent de toute éternité ou dans le temps, agissent incessamment; mais leur action est-elle utile ou nuisible? C'est une question accidentelle.

—

L'idée est éternelle et unique. Nous avons tort de parler ici au pluriel; toutes les choses que nous connaissons, et dont nous pouvons parler ne sont que les manifestations de l'idée. Nos conceptions n'ont un sens et ne peuvent s'exprimer qu'autant qu'elles sont une forme de l'idée absolue.

Dans les traités d'esthétique on a tort de dire l'*idée du beau*. Par là on restreint le domaine du beau qui, cependant, ne doit pas être conçu sous une forme déterminée. On peut avoir une notion abstraite du beau, et celle-ci peut être communiquée.

La manifestation de l'idée, sous la forme du beau, est aussi fugitive que celle du sublime, de ce qu'on appelle le spirituel, l'agréable, le comique. C'est pour cela qu'il est si difficile de parler de ces sortes de sujets.

Si l'on veut traiter la théorie du beau d'une manière didactique, on doit passer sous silence tout ce qui s'adresse au sentiment; ou n'en parler qu'au moment où on touche au point culminant, et où l'esprit des auditeurs est préparé. Mais comme cette condition ne peut être bien remplie, la plus haute prétention de celui qui enseigne dans une chaire publique, devrait être de présenter à l'esprit de ses auditeurs les idées dans un si grand nombre d'images vivantes, qu'ils fussent capables de saisir tout ce qui est bon, beau, grand et vrai, et de l'accueillir avec un vif intérêt, sans s'en apercevoir et s'en rendre compte. L'idée fondamentale dont tout le reste n'est que le développement, s'insinue ainsi dans leur ame, et y prend une forme vivante.

—

Quand on considère les hommes d'un esprit cultivé, on trouve qu'ils ne sont capables de comprendre le principe de toutes choses que dans une seule, ou du moins dans un petit nombre de ses manifestations, et cela suffit. Le talent est développé dans la pratique, et il n'est pas besoin de prendre connaissance des théories particulières. Le musicien peut, sans préjudice, ignorer le sculpteur, et réciproquement.

Dans l'art, on doit tout ramener au point de vue pratique, et par conséquent faire en sorte que les diverses manifestations de l'idée du beau que l'artiste est appelé à réaliser, conservent, malgré leur affinité, leur indépendance réciproque, et ne se contrarient pas mutuellement. La peinture, la scuplture et la mimique ont entre elles des rapports indestructibles. Cependant, l'artiste attaché à un de ces arts doit bien se garder de recevoir des autres une atteinte funeste. Le sculpteur peut se laisser séduire par le peintre, celui-ci par l'acteur mimique, et tous trois brouiller tellement les genres, qu'aucun d'eux ne conserve son originalité.

La danse mimique devrait, à proprement parler, servir de base à tous les arts figuratifs. Si le charme qu'elle exerce sur les sens est très-vif, il est momentané et fugitif. Aussi cet art, pour produire ce charme, doit-il pousser ses moyens à l'extrême. C'est là ce qui effraie heureusement les autres artistes. Cependant, avec de la prudence et et de la circonspection, ils trouveraient ici beaucoup à prendre.

Quatrième Partie.

———

Mᵐᵉ Roland sur l'échafaud demanda qu'il lui fût permis d'écrire les pensées remarquables qui s'étaient présentées à son esprit dans le fatal trajet. Il est à regretter que sa demande ne lui ait pas été accordée; car, à ce moment suprême de la vie, des esprits fermes, qui conservent leur sang-froid, ont souvent des pensées extraordinaires; ce sont comme des anges qui descendent éclatants de lumière sur les sommets du passé.

—

On dit souvent qu'il faut éviter dans la vie une activité trop multipliée (Πολυπραγμοσύνη) et surtout, à mesure que l'on avance en âge, ne pas se créer de nouvelles occupations. Mais on a beau se donner des conseils à soi-même et aux autres, vieillir c'est entrer dans une nouvelle sphère d'activité; tous les rapports changent, et l'on doit, ou cesser complétement d'agir, ou, de bon gré et en connaissance de cause, accepter le nouveau rôle qui nous est donné.

—

Je n'ose rien dire de l'absolu dans le sens spéculatif; mais je puis affirmer que celui qui le reconnaît dans ses manifestations et l'a toujours présent à l'esprit, en retire un grand avantage.

—

Vivre dans l'idéal, c'est traiter l'impossible comme s'il était possible. La même analogie se fait remarquer pour le caractère. Mais si l'idée et le caractère se rencontrent, alors naissent des événements tels que le monde ne revient pas de sa surprise pendant des siècles.

—

Napoléon, qui vivait toujours dans l'idéal, n'en avait cependant pas conscience ; il niait l'idéal, et lui refusait toute réalité, tandis qu'il en poursuivait avec ardeur la réalisation. Mais sa raison si lucide et incorruptible ne pouvait supporter perpétuellement cette contradiction intérieure, et ses paroles sont de la plus haute importance, lorsque dans les occasions où il y est pour ainsi dire forcé, il s'exprime sur ce sujet de la manière la plus originale et la plus intéressante.

—

Il considère l'idée comme un être de raison qui n'a, il est vrai, aucune réalité ; mais qui, lorsqu'il s'évanouit, laisse après lui un residuum, (*caput mortuum*) à qui nous ne pouvons refuser entièrement la réalité. Si cette opinion nous paraît passablement choquante et matérialiste, il s'exprime tout autrement lorsqu'il s'entretient avec ses amis. Il parle alors avec conviction et confiance des suites inévitables de sa vie et de ses actions. Il avoue volontiers que la vie engendre la vie, qu'une idée féconde exerce son influence sur toutes les époques. Il se plaît à reconnaître qu'il a donné une impulsion nouvelle, une nouvelle direction à la marche du monde.

—

C'est une chose vraiment digne d'être remarquée que les hommes dont le trait caractéristique était une tendance très-exclusive vers l'idéal, éprouvaient une aversion extrême pour le fantastique. Tel était Hamann, qui ne pouvait supporter qu'on lui parlât des choses d'un autre monde. Il s'exprime là-dessus quelque part, dans un paragraphe qu'il changea quatorze fois.

La littérature est le fragment des fragments. La plus petite partie de ce qui a été fait et dit, a été écrit, et de ce qui a été écrit la plus faible partie est restée.

Et cependant quoique la littérature soit incomplète, on y trouve mille répétitions ; ce qui montre combien sont bornés l'esprit et la destinée de l'homme.

Cette question : La prééminence appartient-elle à l'historien ou au poète ? ne doit pas même être soulevée ; ils ne rivalisent pas plus entre eux que l'athlète à la course et l'athlète au pugilat. Chacun a droit à sa couronne.

Il en est des livres comme de nos nouvelles connaissances. Au premier moment nous sommes très-satisfaits, lorsque nous trouvous en eux des sentiments qui sont conformes aux nôtres, lorsque l'auteur sympathise avec quelque point essentiel de notre existence; mais lorsque nous faisons plus ample connaissance apparaissent toutes les différences. Et dans ce cas une conduite sage consiste principalement, non pas à se retirer aussitôt, comme il arrive dans la jeunesse, mais au contraire à s'attacher fortement aux principes sur lesquels on s'accorde, à s'expliquer complètement sur les différences, sans pour cela renoncer à ses opinions.

—

La plus grande difficulté dans les observations psychologiques vient de ce qu'on doit toujours considérer parallèlement l'intérieur et l'extérieur, ou plutôt les combiner ensemble. C'est un mouvement continuel de *systole* et *diastole*, l'inspiration et la respiration de l'être vivant. Si l'on ne peut encore se prononcer sur ce point, il mérite un examen attentif.

Mes rapports avec Schiller avaient pour principes notre direction bien déterminée vers le même but, la communauté de nos travaux et la différence des moyens par lesquels nous tâchions d'atteindre à ce but.

Au sujet d'une différence délicate qui s'offrit à nous dans un de nos entretiens et qui me rappelle un passage d'une de ses lettres, je fis les observations suivantes : « Il y a une grande différence pour le poète à chercher le *particulier* en vue du *général* et à voir le *général* dans le *particulier*. Du premier point de vue naît l'allégorie où l'objet particulier est considéré seulement comme exemple, comme image de l'idée générale. Le second est à proprement parler le caractère propre de la poésie ; elle exprime une idée particulière sans penser à l'idée générale, ou sans l'indiquer. Celui qui saisit vivement cet objet particulier possède en même temps l'idée générale sans le savoir, ou il le sait seulement plus tard.

L'amitié ne peut s'engendrer que d'une manière pratique et c'est par là seulement qu'elle devient durable. Une inclination, l'amour même, tout cela ne produit pas l'amitié. La vraie amitié, l'amitié qui agit et se révèle par des effets, consiste en ce que nous suivions la même voie dans la vie ; que mon ami favorise mes desseins et moi les siens, que nous marchions ensemble sans nous détourner, quelle que soit d'ailleurs notre manière de penser et de vivre.

Cinquième Partie.

On prend chacun dans le monde pour ce qu'il se donne; mais il faut se donner pour quelque chose. On supporte plus volontiers les gens incommodes que les hommes insignifiants.

On peut tout imposer à la société; mais seulement pour un temps.

Nous n'apprenons pas à connaître les hommes lorsqu'ils viennent à nous ; nous devons aller à eux pour savoir ce qu'ils sont.

—

Je trouve assez naturel que nous ayons beaucoup à redire sur les personnes qui viennent nous voir, et que, lorsqu'elles nous ont quittés, nous ne les jugions pas avec beaucoup de bienveillance; car nous avons pour ainsi dire, le droit de les apprécier d'après notre mesure. Les hommes sages et bienveillants eux-mêmes ont de la peine, en pareil cas, à s'abstenir d'un jugement sévère.

—

Au contraire, lorsque nous sommes chez les autres et que nous les voyons avec leur entourage, leurs habitudes, les choses que leur position rend nécessaires et inévitables; lorsqu'enfin nous les voyons agir, il faudrait être bien peu sensé et avoir bien de la mauvaise volonté pour trouver ridicule ce qui devrait plutôt nous paraître, sous plus d'un rapport, digne d'estime.

—

On doit chercher à gagner, par la conduite et les bonnes mœurs, ce qu'on ne pourrait obtenir autrement que par la force, et même ce que la force ne donne pas toujours.

—

La société des femmes est l'élément des bonnes mœurs.

—

Comment le caractère qui constitue l'originalité dans l'homme peut-il se maintenir avec le savoir-vivre ?

—

Le savoir-vivre, loin de nuire à l'originalité, devrait lui prêter un nouveau lustre.

—

La familiarité, à la place du respect, est toujours ridicule. On ne déposerait jamais son chapeau après avoir fait les premiers compliments, si l'on savait combien cela paraît comique.

—

Il n'y a aucun signe extérieur de politesse qui n'ait un principe moral. La bonne éducation serait celle qui donnerait à-la-fois le signe et le principe.

—

La conduite sociale est un miroir dans lequel chacun montre son image.

—

Il existe une politesse du cœur; elle est parente de l'amour; c'est d'elle que naissent les manières les plus aisées dans la société.

—

Une dépendance volontaire est la position la plus belle; mais comment serait-elle possible sans l'amour?

—

Nous ne sommes jamais plus éloignés de l'objet de nos désirs que quand nous nous imaginons le posséder.

On n'est jamais plus esclave que quand on se croit libre sans l'être.

—

Celui qui ose se déclarer libre sent dans le moment même sa dépendance; celui qui ne craint pas de se déclarer dépendant se sent libre.

—

Il n'y a pas d'autre moyen de se défendre contre la supériorité d'autrui que d'aimer.

—

C'est quelque chose de terrible pour un homme distingué que de voir un sot tirer vanité de ses rapports avec lui.

—

Il n'y a pas de grand homme, dit-on, pour le valet de chambre; mais cela vient simplement de ce que le grand homme ne peut être reconnu que par ses pairs. Le valet de chambre saura probablement bien apprécier ses égaux.

La plus grande consolation pour la médiocrité est de voir que le génie n'est pas immortel.

—

Les plus grands hommes tiennent toujours à leur siècle par quelque faiblesse.

—

On croit généralement les hommes plus dangereux qu'ils ne sont. Les sots et les hommes sensés sont également inoffensifs ; il n'y a que la demi-sottise et la demi-sagesse qui soient dangereuses.

—

L'art est le plus sûr moyen de se soustraire aux exigences du monde, et cependant il n'y a pas de liaisons plus sûres que celles dont l'art est le principe.

—

Dans la plus haute prospérité et dans le dernier degré de malheur, nous avons toujours besoin de l'artiste.

Voir le difficile traité facilement nous donne l'idée de l'impossible.

—

Les difficultés croissent à mesure qu'on approche du but.

—

Si nous regardons volontiers devant nous, c'est que nous nous plaisons secrètement à arranger au gré de nos désirs ce qui flotte vaguement dans l'avenir.

—

Nous nous trouvons rarement dans une grande réunion sans penser que le hasard, qui a ainsi rassemblé tant de personnes, doit aussi y avoir amené nos amis.

—

On a beau vivre retiré, on devient, sans s'en apercevoir, créancier ou débiteur.

—

Lorsque nous rencontrons quelqu'un qui nous doit de la reconnaissance, nous nous le rappelons sur-le-champ. Combien de fois rencontrons-nous des personnes à qui nous devons de la reconnaissance, sans y penser ?

―

On ne parlerait pas souvent dans le monde, si l'on savait combien souvent on comprend mal les autres.

―

Celui qui parle long-temps seul devant les autres, sans flatter ses auditeurs, excite leur aversion.

―

Chaque mot qui sort de notre bouche peut être contredit.

―

Les conversations dont le fond est la contradiction ou la flatterie sont également mauvaises.

―

Les réunions les plus agréables sont celles où règne entre tous les membres une politesse naturelle qui n'exclut pas la gaîté.

Les hommes ne révèlent nulle part mieux leur caractère, que dans ce qu'ils trouvent ridicule.

—

Le ridicule naît d'un contraste moral entre des objets hétérogènes fortuitement réunis, et sans que leur existence en paraisse compromise.

—

L'homme vulgaire rit souvent sans sujet, par le simple effet d'une satisfaction intérieure qu'il ne peut contenir.

—

A un degré inférieur, la raison trouve presque tout risible ; à un degré supérieur, presque rien.

—

On se laisse reprocher ses défauts, on supporte les punitions, on souffre patiemment tous les désagréments qu'ils nous attirent ; mais nous ne pouvons nous décider à y renoncer.

Certains défauts sont nécessaires à notre manière d'être individuelle. Nous serions très-fâchés si nos anciens amis venaient à se dépouiller de certaines originalités.

—

On dit d'un homme, lorsqu'il fait quelque chose contre sa manière et ses habitudes : il mourra bientôt.

—

Quels sont les défauts que nous devons conserver et même cultiver en nous ? Ceux qui flattent les autres plus qu'ils ne leur nuisent.

—

Les passions sont des défauts ou des vertus poussées seulement à l'excès.

—

Nos passions sont de véritables phénix. Lorsqu'une ancienne est consumée, une nouvelle renaît aussitôt de ses cendres.

—

Les grandes passions sont des maladies

sans espérance, ce qui pourrait les guérir les rend plus dangereuses encore.

———

La passion s'exalte et s'adoucit également par l'aveu. Le juste milieu n'est peut-être en rien plus désirable que dans la confiance et la réserve à l'égard des personnes que nous aimons.

———

Citer les morts à notre tribunal ne peut jamais être conforme à l'équité. La vie n'est-elle pas une expiation? Qui a le droit, si ce n'est Dieu, de leur demander compte? La postérité doit s'occuper de leurs œuvres et de leurs actions, plutôt que de leurs fautes et de leurs souffrances.

———

Les défauts ne nous montrent que l'homme; les bonnes qualités révèlent l'individu; nous avons tous en commun les imperfections et les malheurs. Ce qui nous distingue, ce sont nos vertus.

Sixième Partie.

Personne ne doit et ne peut dévoiler les mystères de l'existence humaine ; il y a sur le chemin de la vie des pierres contre lesquelles tout voyageur vient heurter. C'est au poète à les signaler.

—

Ce ne serait pas la peine de vivre jusqu'à

soixante-dix ans, si toute la sagesse du monde n'était que folie devant Dieu.

—

La vérité ressemble à Dieu ; elle n'apparait pas immédiatement. Nous devons la deviner sous ses manifestations.

—

Le véritable disciple apprend à connaitre l'inconnu par le connu ; et se rapproche ainsi du maître.

—

Mais les hommes ne peuvent facilement dégager l'inconnu, car ils ne savent pas que leur raison suit les mêmes procédés que la nature.

—

Les dieux nous apprennent à imiter leurs propres œuvres. Cependant, nous ne savons que ce que nous faisons ; nous ne connaissons pas ce que nous imitons.

—

Les hommes se sont créé eux-mêmes des lois, sans savoir sur quoi ils les portaient;

mais l'ordre qui règne dans la nature est l'ouvrage des dieux.

—

Ce que les hommes ont établi de bien ou de mal n'est pas toujours conforme au but ; mais ce que font les Dieux, que cela paraisse bon ou mauvais, est toujours à sa place.

—

Je veux montrer que les arts de l'homme ressemblent aux phénomènes de la nature qui s'accomplissent d'une manière visible ou mystérieuse.

—

Il en est ainsi de l'art divinatoire ; il connaît le passé dans ce qui se révèle à nos yeux ; il voit ce qui est caché ; le présent lui révèle l'avenir ; dans la mort il surprend la vie, et il trouve un sens à ce qui n'en a pas.

C'est ainsi que l'homme instruit connaît toujours bien la nature de l'homme, tandis que l'ignorant la voit tantôt d'une façon, tantôt d'une autre, et chacun d'eux la reproduit à sa manière.

—

Si du rapprochement des deux sexes naît un enfant, on peut dire que le connu a engendré l'inconnu. D'un autre côté si l'intelligence encore obscure de l'enfant reçoit des idées claires, il devient homme et apprend à connaître l'avenir par le présent.

—

Sans vouloir comparer le principe vital, qui est périssable, à l'ame immortelle, il y a cependant aussi de la raison dans ce qui est purement vivant. Ainsi, l'estomac sait très-bien s'il a faim ou s'il a soif.

—

C'est ainsi que l'art de lire dans l'avenir a du rapport avec la nature humaine. Pour l'observateur éclairé ils sont tous deux toujours d'accord. Cette harmonie échappe à l'esprit borné.

—

Le fer se ramollit dans la forge par l'action du feu qui lui enlève les matières superflues. Lorsqu'il est purifié on le bat et on le rend flexible, puis on lui donne de la solidité par la trempe. Il en est de même de l'éducation.

—

Puisque nous sommes persuadés que celui qui contemple le monde intellectuel et possède la véritable idée du beau, peut aussi connaître leur principe qui se dérobe aux regards des sens, tâchons, selon nos forces, de nous rendre compte à nous-mêmes, autant que ce sujet est susceptible de clarté, de la manière dont nous pouvons contempler la beauté de l'esprit et de l'univers.

—

Supposons donc que nous ayons sous les yeux deux blocs de pierre, l'un informe, l'autre façonné par l'art, une statue représentant un personnage humain ou divin. Si c'est une divinité, ce sera, si l'on veut, une Grâce ou une Muse; si c'est un personnage humain, ce ne sera pas tel homme en particulier, mais plutôt un idéal, qui réunit tous les traits de la beauté épars dans la nature.

—

Cette pierre, dont l'art a su tirer une belle représentation, vous paraît belle; cependant ce n'est pas la pierre qui est belle, car autrement cet autre bloc serait beau lui-même; c'est que le premier possède une forme qui lui a été donnée par l'art.

—

La matière n'avait pas d'elle-même cette forme; celle-ci était dans l'imagination de l'artiste avant de passer dans la pierre. Et cependant elle n'était pas dans l'artiste parce qu'il avait des yeux et des mains, mais parce qu'il avait le génie de l'art.

—

Ainsi l'imagination de l'artiste renferme encore une idée supérieure de la beauté; car la forme idéale qu'il conçoit ne passe pas dans la pierre; elle reste dans son imagination, et fait naître une seconde forme inférieure, qui ne conserve pas sa pureté, et ne répond pas complétement aux vœux de l'artiste, mais seulement autant que la matière rebelle obéit à l'art.

—

Mais si l'art réalise des idées qu'il tire de lui-même et de son propre fond, et cela d'après un type fourni par la raison qui l'inspire dans toutes ses créations, il est donc vrai que c'est l'intelligence qui possède cette beauté supérieure de l'art, beauté plus vraie et plus parfaite que tout ce qui s'offre à nos regards.

—

En effet, puisque la forme, en passant dans la matière se projette au dehors, elle devient plus faible que celle qui reste immobile dans son principe. Car ce qui s'éloigne du centre sort de soi-même; ainsi la force qui procède de la force, la chaleur communiquée par la chaleur, de même la beauté qui émane de la beauté. La cause productive doit donc être supérieure à ses effets. Ce n'est pas la musique dans son enfance qui a fait le musicien, mais la vraie musique, la musique idéale qui engendre cette musique dont les sons frappent nos oreilles.

Si quelqu'un, se croyait en droit de mépriser les arts, parce qu'ils imitent la nature, on pourrait lui répondre que la nature elle-même à des modèles qu'elle imite. En outre, les arts n'imitent pas précisément les objets tels que nous les avons sous les yeux; ils remontent à ces idées de la raison, qui sont les lois de la nature et auxquelles elle se conforme dans ses œuvres.

Il y a plus, l'art tire beaucoup de lui-même, et d'un autre côté ajoute beaucoup à la nature; il lui donne ce qui lui manque en perfection, parce que c'est lui qui possède la vraie beauté. Phidias a pu représenter Jupiter, quoiqu'il n'en trouvât pas le modèle autour de lui; mais il concevait par la pensée le Dieu tel qu'il devait se manifester aux regards des hommes.

—

On ne doit pas en vouloir aux idéalistes anciens et modernes de ce qu'ils prennent si vivement à cœur de faire prévaloir l'être unique d'où tout est sorti, où tout doit rentrer. Car le principe qui répand la vie et l'ordre dans la nature est peut-être tellement confondu avec ses manifestations qu'il peut à peine conserver son existence indépendante. D'un autre côté, nous devenons trop exclusifs, lorsque nous refoulons le principe formateur des êtres et la forme la plus haute dans une unité qui se dérobe aux sens et à la conscience.

—

La nouvelle philosophie de nos voisins de l'ouest prouve que les hommes ont beau faire, et les nations aussi bien que les hommes, ils reviennent toujours à leur caractère primitif. Et comment en serait-il autrement, puisque c'est lui qui détermine leur nature et leur manière de vivre ?

—

Les Français ont abandonné le matérialisme, et dans l'explication du principe du monde ils ont reconnu davantage la nécessité de faire intervenir l'esprit et la vie. Ils se sont affranchis du sensualisme et ont accordé à la nature humaine un développement libre et spontané. Ils admettent en elle une puissance créatrice et ne cherchent plus à expliquer les arts par l'imitation de la nature extérieure. Puissent-ils persévérer dans cette voie.

—

Une philosophie éclectique n'est pas possible; mais il peut y avoir des philosophes éclectiques.

—

Un éclectique, c'est celui qui choisit dans tout ce qui l'environne, dans tout ce qui se passe autour de lui, ce qui est conforme à sa nature et se l'approprie.

Il faut entendre dans le même sens tout ce qui s'appelle culture et perfectionnement, au point de vue à la fois théorique et pratique.

—

Deux philosophes éclectiques pourraient par conséquent être deux adversaires déclarés, si, nés avec des dispositions opposées, ils s'étaient approprié, chacun de son côté, dans tous les systèmes, ce qui convient à leur caractère. Il suffit de jeter un coup-d'œil autour de soi pour voir que chaque homme se comporte toujours ainsi, et par conséquent ne comprend pas pourquoi il ne peut ramener les autres à son opinion.

—

Il est rare que le vieillard le plus avancé en âge devienne pour lui-même un personnage historique, et que ses contemporains, lui apparaissent sous le même aspect. Aussi ne peut-il s'entendre avec personne.

Si on y regarde de plus près, on trouvera que pour l'historien lui-même, l'histoire n'est pas facilement de l'histoire. Chaque écrivain décrit les événements du passé comme ceux dont il est témoin.

—

Le chroniqueur ne reproduit que ce qui est renfermé dans son étroit horizon, les événements particuliers de sa ville natale, de son couvent, aussi bien que ceux de son époque.

—

Les maximes des anciens, que l'on a coutume de répéter si souvent, ont une tout autre signification que celle qu'on a pu leur donner dans les temps postérieurs.

—

Celle-ci, par exemple : « Nul ne doit entrer dans l'école des philosophes, s'il ne connaît la géométrie », ne signifie pas : on doit être mathématicien pour être philosophe.

La géométrie est ici considérée dans ses premiers éléments, comme nous la trouvons dans Euclide, et telle qu'on l'enseigne aux commençants. Elle est alors la meilleure préparation et même l'introduction naturelle à la philosophie.

—

Lorsqu'un enfant commence à comprendre que le point visible a pour principe le point mathématique invisible ; que le plus court chemin d'un point à un autre doit être conçu comme ligne droite, avant que cette ligne soit tracée sur le papier, il éprouve déjà un sentiment d'orgueil et de satisfaction intérieure ; et ce n'est pas sans raison ; car la source de toute pensée abstraite lui est ouverte ; l'idée et la réalité *potentià et actu* lui sont clairement révélées ; le philosophe ne lui découvrira rien de nouveau, et quant au géomètre, le principe de toute pensée abstraite lui est donné.

Si nous prenons ensuite ce mot remarquable : *Connais-toi toi-même ;* nous ne devons pas l'interpréter dans un sens ascétique. Ce n'est nullement *l'heautognosie* de nos modernes *hypocondristes, humoristes* et *heautontumorumènes*. Il veut dire tout simplement fais attention à toi-même, prends une certaine connaissance de toi-même ; afin de savoir comment tu dois te conduire vis-à-vis de tes semblables et du monde. Pour cela il n'est pas nécessaire de se torturer l'esprit pour trouver un sens psychologique profond. Tout homme sensé sait par expérience ce que cela doit signifier ; c'est en effet un conseil salutaire dont chacun peut tirer le plus grand avantage dans la vie pratique.

—

Qu'on se mette bien dans l'esprit que ce qui a fait la grandeur des Ecoles de l'antiquité, et en particulier de celle de Socrate, c'est qu'elles se proposaient pour but le principe et la règle de toute la vie et de la conduite humaine ; elles ne s'attachaient pas à de vaines spéculations, mais à la vie pratique et à l'action.

—

Puisque la base de l'éducation dans nos écoles est l'antiquité, dont la connaissance exige l'étude des langues grecque et latine, nous devons nous féliciter de ce que ces études, si nécessaires pour une plus haute culture intellectuelle, ne soient jamais rétrogrades.

—

Si nous nous plaçons en face de l'antiquité, et que nous nous proposions sérieusement de nous former à son école, il nous semble que nous devenons hommes alors pour la première fois.

—

Le maître qui enseigne le latin dans les écoles, lorsqu'il essaie à écrire ou à parler cette langue, s'élève à ses propres yeux et se croit un homme plus important qu'il n'oserait se l'imaginer dans ses occupations journalières.

—

L'esprit né pour la poésie et les arts plastiques se sent, en présence de l'antiquité, dans une disposition idéale pleine de charme.

—

Encore aujourd'hui les chants homériques ont la vertu de nous délivrer, au moins pour un instant, du terrible fardeau que les traditions de plusieurs milliers d'années ont amassé sur nos têtes.

—

De même que Socrate appela l'attention de l'homme sur lui-même, afin qu'il se rendît compte de sa nature par un procédé tout simple ; de même Platon et Aristote procèdent en face de la nature comme deux esprits destinés à se la soumettre, l'un par son génie et son imagination, l'autre par son esprit observateur et sa méthode. Ainsi, chaque fois que, dans le système général de la science ou dans ses détails, nous nous approchons de ces trois grands hommes, c'est un événement qui nous cause la joie la plus vive, et qui a toujours la vertu de contribuer au plus haut degré à notre développement intellectuel.

—

Pour échapper à la multiplicité des détails, au morcellement et à la confusion qui règnent dans les sciences physiques chez les modernes, on doit toujours se poser cette question : Comment aurait fait Platon en présence de la nature, si, malgré son unité fondamentale, elle lui était apparue avec cette variété de phénomènes?

—

Nous croyons pouvoir affirmer que, par cette méthode, on parviendrait à organiser les connaissances humaines jusque dans leurs dernières divisions, et que, sur cette base, on pourrait élever l'édifice de chaque science et en poser le faîte, quels que soient les secours et les obstacles que présente l'activité intellectuelle du siècle. C'est peut-être une recherche que nous devons nous proposer chaque jour, si nous ne voulons pas rejeter la meilleure méthode et adopter la plus mauvaise.

On vante le dix-huitième siècle parce qu'il s'est livré principalement à l'analyse ; la tâche du dix-neuvième consiste maintenant à découvrir les fausses synthèses qui règnent dans la science, et à analyser de nouveau ce qu'elles renferment.

Il n'existe que deux vraies religions : l'une reconnaît et adore le Dieu saint qui habite en nous et autour de nous, invisible et sans formes ; l'autre l'adore sous la forme la plus belle. Tout ce qui est intermédiaire entre ces deux cultes est idolâtrie.

Sans doute l'esprit humain cherchait à s'affranchir à l'époque de la réforme. L'antiquité grecque et romaine qui venait d'être révélée fit naître le désir ardent de jouir de la liberté, du bien-être, du bon goût. Mais cette révolution ne fut pas peu favorisée par le besoin qu'éprouva le cœur humain de revenir à la simplicité des premiers temps, et l'imagination de se concentrer en elle-même.

—

Tous les saints furent-à-la fois chassés du ciel; la divine mère avec son tendre enfant furent délaissés; les sens, la pensée, le cœur de l'homme se reportèrent sur le Christ adolescent, acomplissant sa mission morale, souffrant injustement, plus tard glorifié comme demi Dieu et enfin adoré comme un Dieu véritable.

—

Sa figure se dessina seule en face de l'Univers; il imprima au monde une nouvelle direction morale; l'humanité s'appropria ses souffrances en se les proposant comme modèles, et sa glorification fut le gage d'une vie éternelle.

—

Comme l'encens ranime le charbon qui s'éteint, de même la prière ranime l'espérance dans le cœur de l'homme.

—

Je suis persuadé qu'on sent toujours davantage la beauté de la Bible à mesure qu'on l'entend mieux ; c'est-à-dire quand l'on voit que chaque mot, compris d'abord d'une manière générale et appliqué à nous-même, a un sens particulier immédiat pour chaque individu et qui se prête à toutes les circonstances et tous les lieux.

—

En y regardant de près, nous devons chercher tous les jours à nous réformer et à protester contre les autres quoique non dans un sens religieux.

—

Une chose à laquelle nous devons travailler tous les jours sans relâche et pour laquelle nous devons faire sans cesse de nouveaux efforts, c'est de mettre notre langage le plus possible en harmonie immédiate avec nos sentiments, nos perceptions, nos pensées, avec ce que nous éprouvons, imaginons et concevons par la raison.

—

Que chacun s'examine, et il trouvera que cela est plus difficile qu'il ne croit; car malheureusement pour l'homme les mots ne sont que des *à-peu-près*. Il pense la plupart du temps mieux qu'il ne parle.

—

Efforçons-nous sans cesse, par la clarté et la précision, de bannir les termes faux, impropres, inintelligibles qui se rencontrent ou se glissent dans nos discours et dans ceux des autres.

—

Avec les années augmentent les épreuves.

Aussitôt que je cesse d'être moral, je perds toute autorité.

—

La censure et la liberté de la presse seront toujours en lutte…. Le pouvoir tient à ne pas être contrarié dans ses desseins et ses actes par des gens qui élèvent la voix pour le contredire. Ceux-ci veulent proclamer des principes qui légitiment leur désobéissance.

—

Cependant, on doit remarquer que le parti qui se prétend opprimé, cherche de son côté à étouffer la liberté de la presse ; c'est surtout lorsqu'il conspire et qu'il ne veut pas que ses complots soient trahis.

—

On n'est jamais trompé ; on se trompe soi-même.

—

Nous avons dans notre langue un mot

qui exprime la différence entre le peuple considéré d'une manière abstraite, et le peuple proprement dit (*Volkheit - Volk*). C'est le même rapport qu'entre l'enfance et l'enfant (*Kindheit-Kind*). Le précepteur doit écouter l'enfance et non l'enfant. Le législateur et l'homme qui gouverne doivent entendre de même la voix du peuple. Le peuple ainsi conçu exprime toujours la même chose. Il est sage, raisonnable; ses intentions sont pures et vraies. Le peuple, comme on l'entend vulgairement, ne sait ce qu'il veut. C'est dans le premier sens que la loi peut être l'expression de la volonté générale des peuples, volonté que la foule ne manifeste jamais, que le politique éclairé comprend, à laquelle l'homme sage sait se conformer, et que le bon prince se plaît à satisfaire.

De quel droit gouvernons-nous? Ce n'est pas la question. Nous gouvernons. Que le peuple ait le droit de nous renverser, c'est ce dont nous nous inquiétons peu; nous prenons garde seulement que cette idée ne lui vienne à l'esprit.

—

Si l'on pouvait abolir la mort, il n'y aurait rien à dire. Abolir la peine de mort serait difficile. Mais si cela arrivait, on serait bientôt forcé de la rétablir.

—

Si la société se démet du droit d'infliger la peine de mort, chacun se fera immédiatement justice à lui-même, et la sanguinaire *vendetta* viendra frapper aux portes.

—

Toutes les lois sont faites par des vieillards et par des hommes. Les jeunes gens et les femmes veulent l'exception; les anciens la règle.

—

Ce n'est pas l'homme de bon sens, mais le bon sens, l'homme raisonnable, mais la raison qui nous gouvernent.

—

Louer quelqu'un, c'est se rendre son égal.

Le patriotisme est étranger à l'art et à la science. Tous deux appartiennent, comme toutes les nobles productions de l'esprit humain, au monde entier, et ils ne peuvent être perfectionnés que par un concours général et libre de tous les hommes d'une même époque, travaillant les yeux fixés sans cesse sur les chefs-d'œuvre et les découvertes du passé.

—

L'avantage inappréciable que les étrangers retirent de notre littérature, en l'étudiant aujourd'hui pour la première fois, est de se préserver de toutes les maladies par où elle a dû passer pendant la période de son développement, qui a duré près d'un siècle; et, s'ils savent en profiter, de se former eux-mêmes de la manière la plus désirable.

—

Ce que les Français du dix-huitième siècle détruisaient, Wieland le tournait en ridicule.

Que sont la plupart des tragédies, sinon les passions mises en vers de gens qui s'embarrasent fort peu des choses extérieures ?

—

Yorik Sterne est l'écrivain le plus charmant qui ait existé. En le lisant on sent son ame s'épanouir et prendre un essor libre ; son *humour* est inimitable ; et toute espèce d'humour n'a pas la vertu d'alléger l'ame.

—

La vue est le plus noble de nos sens. Les quatre autres ne nous instruisent que par l'organe du tact. Nous entendons, nous sentons, nous odorons, nous palpons tous les objets par le toucher. La vue occupe un rang infiniment plus élevé ; elle a quelque chose de subtil par où elle s'éloigne de la matière et se rapproche des capacités de l'esprit.

—

Si nous nous mettions à la place des autres, l'envie et la haine que nous éprouvons si souvent à leur égard disparaîtraient ; et si nous mettions les autres à notre place, l'orgueil et la prétention en seraient beaucoup diminuées.

—

Quelqu'un a comparé la méditation et l'action à Rachel et à Lia ; l'une était plus féconde et l'autre plus gracieuse.

—

Après la santé et la vertu, il n'y a rien de plus précieux au monde que le savoir, et rien n'est plus facile à acquérir. Toute la difficulté consiste à être calme et à savoir dépenser le temps que, du reste, nous ne pouvons mettre en réserve.

—

Si l'on pouvait mettre de côté du temps comme de l'argent, ce serait une excuse pour l'oisiveté de la moitié des hommes, mais non pas une excuse complète ; car ce serait ressembler à un ménage qui vivrait du capital sans s'occuper des intérêts.

Les nouveaux poètes mettent beaucoup d'eau dans leur encre.

—

Parmi les nombreuses sottises que l'on entend débiter dans les écoles, je n'en connais pas de plus ridicules que les discussions sur l'authenticité des écrits et des ouvrages de l'antiquité. Est-ce l'auteur ou son ouvrage que nous admirons ou que nous devons blâmer? C'est seulement l'auteur que nous avons sous les yeux. Que nous importe le nom lorsque nous étudions une œuvre d'esprit?

—

Quel est celui qui voudrait soutenir que nous avons sous nos yeux Virgile ou Homère lorsque nous lisons les écrits qui leur sont attribués? Mais c'est l'écrivain que nous avons devant nous, et que demandons-nous de plus? Les savants qui attachent tant d'importance à des choses si futiles, ne me paraissent pas plus sages qu'une très-belle dame qui me demandait un jour en souriant avec beaucoup de grâce : Quel est donc l'auteur des drames de Shakespeare ?

―

Il faut mieux faire la chose la plus insignifiante du monde, que de passer une demi-heure sans rien faire.

―

Le courage et la modestie sont les vertus qu'on peut le moins révoquer en doute ; car elles sont d'une nature telle que l'hypocrisie ne peut les imiter. Elles ont encore cette propriété de se manifester toutes deux de la même manière et sous les mêmes traits.

―

La plus insupportable engeance de voleurs, ce sont les sots ; ils nous volent à-la-fois notre temps et notre bonne humeur.

―

Le respect de nous-même est la règle de notre moralité. Le respect de nos semblables, celle de notre conduite envers eux.

L'art et la science sont des mots que l'on emploie souvent, et dont on comprend rarement la différence précise. On les emploie souvent l'un pour l'autre.

Je n'aime pas les définitions qu'on en donne. J'ai vu quelquefois la science comparée à l'esprit de saillie; l'art, à l'*humour*. Je trouve en ceci plus d'imagination que de philosophie. Il y a bien là une idée de la différence qui les sépare, mais nullement de leur caractère propre.

Je pense qu'on pourrait appeler la science la connaissance du *général*, le savoir abstrait; l'art, au contraire, serait la science réalisée et mise en action. La science représenterait la raison, et l'art son mécanisme. Aussi, peut-on appeler également l'art la science pratique. D'après cela la science serait le théorème, et l'art le problème.

—

On m'objectera peut être qu'on regarde aussi la poésie comme un art, et cependant il n'y a en elle rien de mécanique; mais je nie qu'elle soit un art. Elle est encore moins une science. Les arts et la science sont du domaine de l'entendement. Il n'en est pas de même de la poésie. Celle-ci est due à l'inspiration. Elle était déjà conçue dans l'ame avant de se développer. On ne doit l'appeler ni art ni science, mais génie.

—

Encore aujourd'hui, tout homme d'un esprit cultivé devrait toujours avoir à la main les ouvrages de Sterne, afin que le dix-neuvième siècle comprît ce dont nous sommes redevables à cet écrivain, et ce que nous pourrons lui devoir par la suite.

—

Dans le développement successif des littératures, ce qui a exercé une grande influence à une époque antérieure, s'éclipse momentanément, et les productions nouvelles qui en sont nées obtiennent la prédominance. C'est pour cela que l'on fait bien de jeter de temps en temps un coup-d'œil en arrière. Ce qui est original en nous se conserverait mieux et sous une forme plus vivante, si nous ne perdions pas de vue nos ancêtres.

—

L'étude de la littérature grecque et romaine doit rester toujours la base de la haute culture intellectuelle.

—

Les antiquités chinoises, indiennes, égyptiennes, ne sont toujours que des curiosités. On fait très-bien de les étudier et avec elles l'histoire du monde; mais elles sont pour nous de peu d'utilité en ce qui concerne la culture esthétique et morale de nos facultés.

—

Les Allemands ne peuvent courir un plus

grand danger que celui de s'associer au mouvement intellectuel et de se former sur le modèle de leurs voisins. Il n'est peut-être aucune nation plus propre à se développer par elle-même. Aussi, c'est pour eux un très-grand avantage d'avoir fixé si tard l'attention des autres peuples.

—

Si nous jetons un coup-d'œil sur notre littérature telle qu'elle existait, il y a un demi-siècle, nous trouvons qu'elle n'avait rien produit sous une influence étrangère.

—

Mais le mépris de Frédéric-le-Grand, qui ne voulait rien savoir de ce que faisaient les Allemands, les piquait au vif, et alors ils faisaient leur possible pour paraître quelque chose à ses yeux.

—

Maintenant qu'une littérature universelle commence à se répandre, celle des Allemands, si on y regarde de près, doit beaucoup perdre. Ils feront bien de faire attention à cet avertissement.

—

Des esprits très-éclairés ne remarquent pas qu'ils veulent expliquer les principes qui servent de base à l'expérience, et où par conséquent la raison doit se reposer.

—

Cependant cela même peut avoir ses avantages, car sans cela peut être les recherches de la science s'arrêteraient trop tôt.

—

A l'époque où nous vivons, pour réussir chacun doit embrasser une carrière spéciale, soit un art libéral, soit une profession. Le savoir seul ne suffit pas. Dans le tourbillon du monde, avant qu'on ait acquis une connaissance superficielle sur toute chose, la vie s'est écoulée.

—

Le monde nous impose déjà la nécessité d'une culture générale; nous n'avons pas besoin de nous en occuper ; mais il faut s'approprier une spécialité.

—

Les plus grandes difficultés sont où nous ne les cherchons pas.

—

Lorenz Sterne naquit en 1715 et mourut en 1768. Pour le comprendre, il faut faire attention à l'éducation morale et à l'influence ecclésiastique de son époque. On doit à ce sujet bien se rappeler qu'il était le contemporain de Warburton.

—

Une ame indépendante comme la sienne risque de tomber dans l'arrogance, si elle ne trouve un contrepoids moral dans une noble bienveillance.

—

Tout s'échappait spontanément de son esprit et portait l'empreinte d'une extrême délicatesse. A travers leur conflit perpétuel, il distinguait la vérité de l'erreur; s'attachait fortement à la première, et ne prenait aucun souci de l'autre..

—

Il éprouvait une antipathie prononcée contre le sérieux, parce qu'il est didactique et dogmatique, et qu'il devient facilement pédantesque. Or, il avait le pédantisme en horreur. De là aussi son éloignement pour la technologie.

—

Dans ses études et ses lectures, qui étaient très-variées, il découvrait partout les défauts et les ridicules.

—

Il nomme *Shandeisme* l'impossibilité de s'arrêter deux minutes de suite sur un sujet sérieux.

—

Cette facilité de passer rapidement du sérieux au plaisant, de l'intérêt à l'indifférence, de la tristesse à la joie, doit être dans le caractère irlandais.

La sagacité et la pénétration chez lui sont infinies.

—

Pour la gaité, la facilité de s'accomoder de tout, la patience dans les voyages qui mettent au plus haut point un caractère à l'épreuve, on ne trouverait pas facilement son égal.

—

Plus nous sommes enchantés de voir ainsi une ame libre et indépendante, plus nous devons nous rappeler ici que, parmi les qualités qui nous charment, il en est peu que nous devions prendre pour modèle.

—

Son épicurisme, dans lequel se montre toute la délicatesse pleine de charme de son esprit, serait dangereux à imiter pour beaucoup d'hommes.

—

Ses rapports avec sa femme ainsi qu'avec le monde méritent d'être remarqués. Il dit quelque part : Je n'ai pas su profiter de mes malheurs domestiques en homme sage.

—

Il plaisante avec beaucoup de grace sur les contradictions qui rendent sa position équivoque.

—

« Je ne puis, dit-il, supporter les ser-
» mons; je crois que je m'en suis donné
» une indigestion dans ma jeunesse.

—

Il n'est un modèle en rien, mais il donne des vues sur tout, et il éveille l'intelligence.

—

Notre participation aux affaires publiques n'est que de la politique de cabaret.

—

Rien ne doit être estimé plus haut que le prix d'un jour.

—

Pereant qui ante nos nostra dixerunt. Un mot si étrange ne pourrait sortir que de la bouche d'un homme qui s'imaginerait être un *autochtone*. Celui qui tient à honneur de descendre d'ancêtres raisonnables, doit leur accorder au moins autant de bon sens qu'à lui-même.

—

Les auteurs les plus originaux de notre époque ne le sont pas parce qu'ils disent quelque chose de nouveau, mais seulement parce qu'ils sont capables de répéter les choses déjà dites comme si elles ne l'avaient jamais été.

—

Par conséquent, la plus belle preuve d'originalité consiste à savoir donner à la pensée d'autrui de si riches développements qu'il n'eût été facile à personne de voir combien elle était féconde.

—

Une foule de pensées naissent et se développent par l'effet de la culture générale des esprits, comme les rameaux se couvrent de fleurs au printemps. Dans la saison des roses on voit partout fleurir des roses.

Tout dépend des sentiments. Où le sentiment existe, la pensée ne peut manquer de se développer ; tel est le sentiment, telle est la pensée.

Il est impossible de rien reproduire avec une exacte impartialité. On pourrait dire que le miroir fait exception, et cependant il ne nous présente jamais notre figure véritablement telle qu'elle est. Dans le miroir, notre image est retournée. Ce qui est à droite est à gauche. Cette comparaison peut s'appliquer à toutes les réflexions que nous faisons sur nous-mêmes.

Au printemps et en automne il arrive rarement qu'on songe au coin du feu ; et cependant si, par hasard, nous venons à passer devant un foyer allumé, nous nous arrêtons comme captivés par la sensation agréable que nous éprouvons. Il y a quelque chose d'analogue dans toutes les tentations.

Septième Partie.

La première et la dernière chose qu'on doive exiger du génie, est l'amour de la vérité.

Celui qui est et reste vrai pour lui-même et pour les autres, possède la plus belle qualité des plus grands talents.

Les grands talents sont les plus beaux moyens de conciliation entre les hommes.

—

Le génie jouit d'une sorte d'ubiquité ; il devance et suit l'expérience ; il la devance dans les conceptions générales ; il la suit dans les faits particuliers.

—

Il y a un scepticisme pratique qui s'efforce sans cesse de se vaincre lui-même et d'arriver, par une expérience méthodique, à une espèce de certitude restreinte.

—

Le caractère général d'un tel esprit est la tendance à chercher en tout si telle propriété appartient réellement à tel objet ; et cela, dans le but de pouvoir appliquer avec certitude, dans la vie pratique, ce qui a été démontré par l'expérience.

—

Un esprit doué d'activité et de vivacité,

qui dans la pratique poursuit toujours un but immédiat, est ce qu'il y a de plus distingué sur la terre.

—

La perfection est la loi du ciel ; y aspirer, la loi de l'homme.

—

On doit distinguer deux choses dans l'homme : ce qu'il a reçu de la nature, et ce qu'il a acquis par lui-même.

—

L'homme est suffisamment pourvu des moyens nécessaires pour satisfaire tous les véritables besoins de sa condition terrestre, s'il se fie à ses sens et les perfectionne de manière à ce qu'ils méritent toujours sa confiance.

—

Ce ne sont pas les sens qui nous trompent; mais le jugement.

—

L'animal est instruit par ses organes ; l'homme instruit les siens et les gouverne.

Anaxagore enseignait que les animaux ont la raison active, mais non la raison passive, qui sert en même temps d'interprète au raisonnement.

—

Caractère juif : Energie, principe de tout, — but immédiat. Pas un juif, si petit, si chétif qu'il soit, qui ne montre de l'énergie et de la résolution ; mais pour un but terrestre, temporel, l'intérêt du moment.

—

Le langage juif a quelque chose de pathétique.

—

Toute tendance à l'idéal est suspecte, principalement chez les femmes. Quoiqu'il en soit, tout homme de talent s'entoure d'un sérail où l'on traite d'idées religieuses, morales et esthétiques.

—

Toute grande idée qui apparaît dans le monde comme un évangile, est d'abord un scandale pour le peuple des sots et des pédants, et une folie aux yeux des esprits cultivés, mais superficiels.

—

Toute idée apparaît d'abord dans le monde comme un hôte étranger, et lorsqu'elle commence à se réaliser, il est difficile de la distinguer d'un rêve et d'une chimère de l'imagination.

—

C'est là ce qu'on a appelé idéologie dans le bon et mauvais sens; c'est pour cela aussi que les hommes positifs éprouvent tant d'antipathie pour les idéologues.

—

On peut reconnaître l'utilité d'une idée et ne pas savoir encore parfaitement s'en servir.

—

Je crois à un Dieu. C'est une belle parole; mais reconnaître Dieu dans ses œuvres, savoir où et comment il se manifeste, c'est la véritable félicité sur cette terre.

Keppler disait : Mon désir le plus élevé est de sentir en moi-même, au fond de mon ame, ce Dieu qui se trouve partout dans le monde extérieur. Le grand homme sentait, sans le comprendre clairement, qu'entre le principe divin qui résidait en lui et la divinité répandue dans l'univers, il y avait un rapport intime.

—

La raison critique a rejeté la preuve *téléologique* (1) de l'existence de Dieu; mais ce qui ne vaut rien comme preuve, doit valoir comment sentiment, et nous en appelons à ce sujet à tous les travaux des hommes religieux, depuis la *brontothéologie* jusqu'à la *niphothéologie*. Ne devons-nous pas sentir dans l'éclair, le tonnerre et la tempête la présence d'une puissance supérieure? dans le parfum des fleurs et dans la douce

---

(1) Par les causes finales.

haleine du printemps, un être qui manifeste son influence bienfaisante ?

—

Ouvrages apocryphes. Il serait important de recueillir de nouveau tout ce que l'on connaît déjà historiquement sur ces livres, et de démontrer que les écrits apocryphes dont les églises chrétiennes ont été inondées dans les premiers siècles de notre ère, et dont notre canon souffre encore maintenant, sont les principales causes pour lesquelles le christianisme, en aucun moment de l'histoire politique et religieuse, n'a pu se développer dans toute sa beauté et sa pureté.

—

Le mal incurable de ces disputes religieuses consiste en ce que les uns veulent ramener les plus hauts intérêts de l'humanité à des fables et à des mots vides de sens, tandis que les autres pensent trouver une base solide là où personne ne peut se reposer.

La foi, l'amour et l'espérance sentirent dans un moment de calme et de mutuelle sympathie un instinct plastique qui les porta à créer une charmante statue, une Pandore dans un sens plus élevé : la patience.

Partout où brûlent des lampes ou des cierges il y a des taches ; les flambeaux du ciel répandent seuls une lumière pure.

Les contemporains ne méritent pas que nous fassions quelque chose pour eux ; car les hommes qui vivent aujourd'hui peuvent mourir au premier moment. C'est pour le passé et l'avenir que nous devons travailler; pour le passé, afin de reconnaître ses services, pour la postérité afin d'augmenter sa valeur.

Que chacun se demande avec quel instrument il peut et doit agir sur son siècle.

Que personne ne s'imagine avoir été attendu comme un sauveur.

—

Le caractère, dans les grandes et les petites choses se montre lorsque l'homme poursuit avec constance la réalisation d'un but qu'il se sent capable d'atteindre.

—

Celui qui veut agir ne doit songer qu'à l'à-propos du moment. On parvient ainsi à vaincre facilement les difficultés. C'est l'avantage des femmes lorsqu'elles savent le comprendre.

—

Le présent est une espèce de public; il faut le tromper et lui faire croire qu'on travaille pour lui; alors il nous laisse tranquille et continuer secrètement l'œuvre que doit admirer la postérité.

—

Rien de plus déplorable que la tendance

à l'absolu dans ce monde où tout a des limites. Cela convient peut-être moins que jamais en 1830.

—

Avant la révolution tout était tendance ; depuis tout est devenu exigence.

—

Existe-t-il un âge mûr pour les nations ? C'est là une question singulière. Je répondrai oui, si tous les hommes pouvaient naître à trente ans; mais la jeunesse sera toujours imprudente et la vieillesse timide. L'âge mûr, placé entre deux, aura beaucoup de peine à plaire à l'une et à l'autre.

—

Si l'on reste quelques mois sans lire les journaux, et qu'on en reprenne ensuite la lecture, on reconnaît alors combien on perd de temps avec ces papiers. Le monde a toujours été divisé en partis. Pendant la lutte le journalisme les agace, entretient les affections et les haines, jusqu'à ce qu'enfin la victoire se décide ; alors on adore le fait accompli comme une divinité.

—

La femme qui a le plus de mérite est celle qui est en état de remplacer le père auprès des enfants, lorsqu'il est absent.

—

La vanité est une ambition toute personnelle ; ce n'est pas pour ses qualités réelles, ses mérites et ses actions, que l'on veut être estimé, honoré et recherché, mais pour soi-même ; aussi, la vanité convient-elle surtout à la beauté frivole.

—

On m'a reproché vivement, quoique d'une manière aimable et gracieuse, d'avoir publié plutôt mes pensées sur la littérature étrangère que mes jugements sur la nôtre ; et cependant rien n'est plus naturel. Les étrangers ignorent mes critiques ; ne s'en souviennent pas ou ne s'en offensent pas.

On n'est pas impoli de loin ; mais, dans le voisinage comme dans la bonne compagnie, il ne faut rien dire de choquant; chaque critique serait considérée comme une insulte.

—

Le classique est la santé, le romantique la maladie.

—

Ovide restait classique même dans l'exil; ce n'est pas en lui-même qu'il cherchait la cause de son malheur, mais dans son éloignement de la capitale du monde.

—

Le romantique s'est précipité dans l'abîme qu'il s'est creusé lui-même. Il n'est guère possible de se figurer rien de plus hideux que certaines productions modernes.

—

Les Français et les Anglais ont encore été plus loin que nous dans ces excès. Des corps qui pourrissent de leur vivant, et se plaisent à contempler la décomposition de tous leurs membres; des morts qui vivent encore pour en faire périr d'autres et nourrissent leurs cadavres de la substance des vivants; voilà où en sont aujourd'hui nos écrivains. Dans l'antiquité, ces phénomènes apparaissent comme des cas extraordinaires de maladie; chez les modernes, ils sont devenus endémiques et épidémiques.

—

La littérature se corrompt dans la même proportion que les hommes.

—

Quel temps extraordinaire que celui où l'on est réduit à envier les morts.

—

Le vrai, le bon, et le parfait sont simples et toujours les mêmes, quelle que soit la forme sous laquelle ils apparaissent. Au contraire, l'erreur qui provoque le blâme, est au plus haut degré, multiple et diverse.

Elle ne se borne pas à lutter contre le bon et le vrai ; elle se combat de ses propres mains ; elle est en contradiction avec elle-même. Aussi, dans toute littérature, le blâme doit l'emporter sur l'éloge.

—

Chez les Grecs, dont la poésie et la rhétorique avaient un caractère simple et positif, l'éloge paraît plus souvent que le blâme. Il en est autrement chez les Latins. A mesure que la poésie et l'éloquence déclinent, le blâme augmente dans la même proportion, et l'éloge diminue.

—

Il y a des enthousiastes empyriques qui s'extasient sur certaines productions nouvelles, louables d'ailleurs, comme s'il ne s'était rien vu de pareil au monde.

—

Sacountala (1) : C'est ici que le poète appa-

(1. *La Reconnaissance de Sacountala*, drame sanscrit de Calidasa.

rait dans l'exercice de sa plus haute prérogative. Comme représentant de l'état le plus voisin de la nature, d'une délicatesse de mœurs exquise, de la tendance morale la plus pure, de la plus noble majesté, du culte de la divinité le plus sérieux, il ose se permettre des oppositions communes et des contrastes bizarres.

—

Henri IV de Shakespeare : Si tous les écrits de cette espèce, qui sont parvenus jusqu'à nous, étaient perdus, on pourrait, au moyen de cette pièce, rétablir parfaitement la poésie et la rhétorique.

—

Mythologie. — *Luxe de croyance.*

—

Dans une traduction, il faut aller jusqu'à l'intraduisible. C'est alors seulement qu'on s'aperçoit combien une langue nous est étrangère, ainsi que la nation qui la parle.

Les questions les plus importantes qui s'adressent au sentiment comme à l'intelligence, à l'expérience comme à la réflexion, ne doivent se traiter que de vive voix ; et cependant un mot à peine prononcé, n'existe plus pour l'auditeur, si les suivants ne le lui rappellent par l'enchaînement des pensées. Qu'on fasse attention à une conversation du monde : si la parole n'est pas morte lorsqu'elle arrive à l'auditeur, il la tue par par les contradictions, les définitions, les restrictions, les observations et les divagations si naturelles dans la conversation. La parole écrite est encore plus maltraitée. Chacun ne veut lire que les ouvrages auxquels il est accoutumé ; il demande, sous une forme nouvelle, les idées qui lui sont déjà connues et familières. Les ouvrages écrits ont néanmoins l'avantage d'être durables et de pouvoir attendre le moment où il leur sera donné d'agir sur le monde.

La raison et la déraison ont à souffrir ici-bas les mêmes contradictions.

Ce que l'on dit verbalement doit s'adresser au présent; ce qu'on écrit doit être destiné à l'avenir.

La dialectique est le perfectionnement de l'esprit de contradiction, qui a été donné à l'homme afin qu'il apprît à connaître la différence des choses.

Avec les hommes qui partagent véritablement nos idées on ne peut se brouiller pour long-temps; on se réconcilie toujours. Au contraire, avec ceux dont les sentiments sont opposés aux nôtres, on cherche vainement à rester d'accord; il survient toujours quelque cause de rupture.

Nos adversaires croient nous réfuter en

répétant leurs opinions sans faire attention à la nôtre.

—

Un esprit vraiment libéral est celui qui sait reconnaître le mérite.

—

Un problème difficile à résoudre pour les jeunes talents, c'est de reconnaître le mérite de leurs contemporains plus âgés, sans se laisser entraîner par leurs défauts.

—

Il y a des hommes qui s'étudient à découvrir les défauts de leurs amis. Il n'en résulte aucun avantage. Pour moi, j'ai toujours fait attention au mérite de mes adversaires, et j'en ai profité.

—

Le public veut être traité comme une femme; on ne doit lui dire que ce qu'il veut entendre.

—

A chaque âge de l'homme correspond une

certaine philosophie. L'enfant paraît réaliste ; car il est aussi convaincu de l'existence des pommes et des poires que de la sienne. Il est naturel que le jeune homme, tourmenté par ses passions se replie sur lui-même. Il devient idéaliste. Quant à l'homme fait, au contraire, tout concourt à le rendre sceptique. Il fait bien de douter si les moyens qu'il a choisis pour arriver à son but sont justes. Avant et pendant l'action il doit contenir son intelligence, pour ne pas avoir à se repentir plus tard d'avoir fait un mauvais choix. Le vieillard incline toujours vers le mysticisme ; il voit que tant de choses dépendent du hasard, que la folie réussit et que la raison échoue ; que le bonheur et le malheur se font équilibre dans le monde. La vieillesse la plus avancée se repose dans celui qui a été, qui est et qui sera toujours.

—

Lorsqu'on vieillit il faut savoir s'arrêter avec conscience à un certain degré.

Il ne convient pas à un vieillard de suivre les opinions du jour, pas plus que la mode dans les habits.

Mais on doit savoir où l'on est et connaître la tendance des autres.

La mode est une tradition momentanée. Or, toute tradition entraîne avec elle une certaine nécessité : celle de s'y conformer.

On s'est occupé long-temps de la *critique de la raison ;* je désirerais une *critique du bon sens.* Ce serait un véritable service rendu à l'espèce humaine, si l'on pouvait montrer au sens commun jusqu'à l'évidence, quelles sont ses véritables limites ; et c'est tout ce qu'il faut pour les besoins de la vie.

Tout bien considéré la philosophie n'est que le sens commun en langage amphigourique.

Le sens commun, dont la sphère est la vie pratique, ne se trompe que quand il veut résoudre des problèmes trop élevés; mais aussi on trouve rarement une haute théorie dans le cercle où il se développe.

—

Car si l'on met de côté des problèmes qu'on ne pourrait résoudre que par les lois propres à la nature vivante, les explications mécaniques reviennent sans cesse à l'ordre du jour.

—

Dans ce qui concerne la pratique, un sens droit et ferme est la plus haute raison, parce que, vis-à-vis du bon sens, la raison n'a pas de plus haute fonction à remplir que de lui donner cette fermeté.

—

Tous les philosophes empyriques ont pour but l'idée, et ne peuvent la découvrir sous la diversité des faits. Tous les théoriciens la cherchent dans le réel, et n'y peuvent la retrouver.

—

Ces deux éléments, l'idéal et le réel, se trouvent réunis dans la vie, dans toute action, et dans l'art. On l'a dit souvent, mais peu de personnes savent en profiter.

—

Les philosophes, en particulier, se trompent lorsqu'ils cherchent séparément la cause et l'effet. Toutes deux forment un phénomène indivisible. Celui qui sait reconnaître la vérité de ce principe, est bien près de la vraie méthode. Le procédé *génétique* nous met déjà sur une meilleure voie, quoiqu'il ne suffise pas.

—

Tous les hommes pratiques cherchent à mettre le monde sur un plan horizontal ; les esprits spéculatifs sur un plan vertical. Jusqu'à quel point cela peut-il leur réussir ? C'est leur affaire.

C'est seulement lorsqu'on ne voit pas de terme à sa pensée, qu'il faut penser.

Il en est de l'histoire comme de l'étude de la nature et de toutes les sciences profondes, présentes, passées et futures ; plus l'esprit pénètre avant dans les problèmes, plus ceux-ci deviennent difficiles. Celui qui ne redoute rien et qui marche hardiment, sent, à mesure qu'il avance, les hautes facultés de son esprit se développer, et goûte une jouissance délicieuse.

Celui qui doit se livrer à l'étude d'une science spéciale, ne peut manquer d'être trompé ou de se tromper lui-même, à moins que des circonstances indépendantes de sa volonté ne l'aient forcé d'embrasser cette carrière. Qui voudrait être médecin, s'il prévoyait tous les désagréments qui l'attendent ?

Celui qui rencontre de bonne heure des obstacles parvient à une liberté tranquille; celui qui ne rencontre des obstacles que plus tard, ne connaît qu'une liberté amère.

PENSÉES DIVERSES SUR L'ART.

L'art s'appuie sur une espèce de sens religieux, sur un sentiment sérieux, profond, inaltérable; c'est pourquoi il s'allie volontiers à la religion. La religion n'a nullement besoin du sens de l'art; elle repose sur le caractère sérieux des idées qui lui sont propres; mais elle ne donne ni le sens du beau ni le goût.

Dans une excellente gravure de Rembrandt, qui représente Jésus-Christ chassant les marchands et les acheteurs du temple, l'auréole qui ordinairement environne la tête du Seigneur est répandue autour de la main qui, dans l'action divine, frappe avec force, rayonnante de lumière. La tête et le visage sont dans l'ombre.

—

Une ancienne tradition rapporte que Dédale, le premier sculpteur, vit de très-mauvais œil l'invention du tour à potier. Il est possible que l'envie n'y fût pour rien ; mais le grand homme vraisemblablement pressentait que l'élément technique dans l'art finirait par entraîner celui-ci à sa ruine.

—

Un noble philosophe (1) a dit de l'architecture qu'elle est une *musique pétrifiée*, et ce mot a dû exciter plus d'un sourire d'incrédulité. Nous ne croyons pouvoir mieux

---
1 Novalis.

reproduire cette belle pensée qu'en appelant l'architecture *une musique muette.*

Qu'on se représente Orphée bâtissant une ville aux accords de sa lyre. Un vaste emplacement est préparé; le chantre divin, après avoir choisi l'endroit le plus convenable, prend sa lyre. Soudain les rochers, obéissant au charme irrésistible de l'harmonie, se détachent des montagnes régulièrement découpés et taillés. Comme saisis d'enthousiasme ils se meuvent et s'ébranlent; puis ils se coordonnent d'après les règles d'une savante architecture, se disposent en assises, suivant les lois du rythme, et forment des murailles. Ainsi s'alignent des rues qui s'ajoutent les unes aux autres. La ville est bâtie; des murs de défense forment son enceinte.

Les sons de la lyre ont cessé; mais l'harmonie subsiste. Les habitants d'une pareille ville circulent et travaillent au milieu de ces mélodies éternelles; l'esprit ne défaille jamais; son activité est sans cesse tenue en éveil; l'œil se substitue à l'oreille, usurpe son rôle et sa fonction. Les habitants, pendant les jours les plus ordinaires, sont dans un état idéal. Sans y songer, sans remonter à l'origine, ils goûtent la plus haute jouissance morale et religieuse. Que l'on se promène souvent dans Saint-Pierre de Rome, et on éprouvera quelque chose d'analogue à ce que nous osons exprimer.

Au contraire, dans une ville mal bâtie, où le hasard, avec son misérable balai, a entassé pêle-mêle les maisons et les édifices, les habitants vivent sans y penser au milieu du désordre et de la barbarie. Tout est morne et triste autour d'eux. Pour l'étranger, lorsqu'il entre dans la ville, ce spectacle produit sur lui la même impression que s'il entendait un bruit de cornemuses, de fifres, de tambours de basque, et si on se préparait à le faire assister à une danse d'ours et à des tours de singes.

NAÏVETÉ ET HUMOUR.

L'art est une œuvre sérieuse; il l'est au plus haut degré lorsqu'il traite des sujets nobles et religieux. Mais l'artiste est supérieur à l'art et à l'objet qu'il représente; supérieur à l'art, puisqu'il le fait servir à son but; supérieur à l'objet, puisqu'il le traite à sa manière.

Les arts figuratifs (1) représentent le monde visible, les manifestations extérieures de la nature. Nous appelons *naïf* ce qui est purement *naturel*, et en même temps nous plaît *moralement*. Les objets naïfs sont donc du domaine de l'art, qui est une expression morale de la nature. Les objets qui offrent les deux caractères naturel et moral sont les plus agréables.

Le naïf, comme naturel, a de l'affinité avec le réel. Lorsque le réel n'offre aucun trait moral, nous l'appelons commun.

—

L'art en lui-même est essentiellement noble. Aussi l'artiste ne recule pas devant le commun. Il y a plus, par cela seul qu'il l'accueille il l'anoblit, et c'est ainsi que nous voyons les grands artistes user hardiment de leur droit de majesté.

(1 La sculpture et la peinture.

Dans tout artiste, il y a un germe de hardiesse, sans lequel le talent ne se conçoit pas, et qui perce particulièrement lorsqu'on veut imposer des limites à son imagination, ou l'employer comme instrument à la réalisation d'une idée étroite.

Raphaël est encore ici, parmi les artistes modernes, le talent le plus pur. Il est parfaitement naïf. Chez lui le réel n'est point en opposition avec le moral et le religieux. Le tapis sur lequel est représenté *l'Adoration des Rois*, chef-d'œuvre de composition qui ne peut être surpassé, nous montre tout un monde, depuis le vieux prince en prières jusqu'au maure, et au singe qui s'amuse avec une pomme sur le dos du chameau. Saint Joseph devait aussi être caractérisé d'une manière tout-à-fait naïve, comme père nourricier qui se réjouit des présents apportés par les mages.

Les artistes, en général, ont eu une idée originale au sujet de saint Joseph. Les Bizantins, à qui on ne reprochera pas d'avoir introduit un vain *humour*, représentaient le Saint avec un air triste, à la naissance du Sauveur. L'enfant est couché dans la crèche. Les animaux le contemplent, étonnés de trouver à la place de la paille aride dont ils se nourrissent, une créature vivante, céleste, et d'une grace divine. Les anges adorent le nouveau-né ; la mère est aussi près de lui, silencieuse; mais saint Joseph est tourné de côté et regarde obliquement, avec un air peu satisfait, la scène merveilleuse.

L'humour est un des éléments du génie ; mais du moment où il prédomine, il n'est plus que son faux-semblant. Il accompagne l'art à son déclin, le détruit et finit par l'anéantir.

Un travail que nous préparons, pourra donner sur ce point des explications intéressantes. Nous nous proposons de considérer exclusivement, par le côté moral, tous les artistes qui nous sont déjà connus sous d'autres rapports; de montrer, d'après les sujets qu'ils ont choisis et leur manière de les traiter, en quoi le temps, le lieu, la nation et les maîtres d'un côté, et d'un autre leur propre individualité, leur indestructible originalité, ont contribué à les former tels qu'ils ont été, ou à les maintenir tels qu'ils étaient devenus.

—

L'art est un interprète de ce qui ne peut s'exprimer par la parole; par conséquent, il semble absurde de vouloir l'interpréter à son tour par des mots. Cependant, la raison retire des efforts que nous faisons dans ce but plusieurs avantages, dont la pratique peut aussi beaucoup profiter.

—

APHORISMES SUR L'ART.

Pour mes amis et mes adversaires.

———

Quiconque veut aujourd'hui écrire ou discuter sur l'art, ne doit pas être étranger aux idées que la philosophie a développées et continue à développer de nos jours.

—

Avant de reprocher à un auteur son obscurité, on devrait regarder en soi-même, pour voir s'il y fait bien clair ; au crépuscule l'écriture la plus nette devient illisible.

—

Dans la discussion l'on doit bien se garder de dire des choses que personne ne vous conteste.

—

Quand on veut contredire des maximes, il faut être en état de les exposer clairement et de les réfuter avec la même clarté, sans quoi on risque de combattre des fantômes créés par son imagination.

—

L'obscurité de certaines maximes n'est que relative. Ce qui est obscur dans la théorie peut devenir très-clair dans la pratique.

—

Un artiste qui produit des œuvres remarquables n'est pas toujours en état de se rendre compte de ses propres créations, ni de celles des autres.

La *nature* et l'*idée* sont inséparables. Les séparer, ce serait détruire l'art aussi bien que la vie réelle.

—

Quand les artistes parlent de la nature, ils sous-entendent toujours l'idée sans en avoir clairement conscience.

—

Il en est de même de tous ceux qui professent une estime exclusive pour l'expérience; ils oublient que l'expérience proprement dite n'est que la moitié de l'expérience. On parle d'abord de la nature et de son imitation, et ensuite on ajoute qu'il doit exister une belle nature; il faut donc choisir, et sans doute ce qu'il y a de plus parfait; mais à quel signe le reconnaître? D'après quelle règle doit-on faire ce choix? Où est cette règle? Elle n'est pourtant pas dans la nature.

—

Et, en supposant que l'objet soit donné,

que ce soit, par exemple, le plus bel arbre d'une forêt reconnu comme le type le plus parfait de son espèce; maintenant, pour métamorphoser cet arbre en son image, je tourne autour de lui, je cherche à le saisir par son plus beau côté, je me place à une distance convenable pour le voir parfaitement dans son ensemble, j'attends un jour favorable; et, après tout cela, croyez-vous que beaucoup des choses qui appartiennent à l'arbre réel soient passées sur le papier.

—

Il est permis au vulgaire de le croire; mais l'artiste, qui doit posséder le secret de son art, ne devrait pas tomber dans une pareille méprise.

—

Précisément, ce qui plaît le plus comme nature à la multitude, dans un ouvrage d'art, ce n'est pas la nature extérieure, mais l'homme, la nature intérieure.

—

Le monde ne nous intéresse que par son

rapport avec l'homme. Nous ne goûtons dans l'art que ce qui est l'expression de ce rapport.

—

Il est également difficile d'apprendre des bons modèles et de la nature.

—

On doit s'assimiler la forme aussi bien que la matière, et même cette transformation de la forme est ce qu'il y a de plus difficile.

—

Avoir tenté sans succès de satisfaire aux plus hautes exigences de l'art, mérite plus d'estime que d'avoir rempli parfaitement les conditions inférieures.

CONSEILS AUX JEUNES ARTISTES.

Lorsque les dilettantes ont fait leur possible, ils ont coutume de dire, pour s'excuser, que leur travail n'est pas encore achevé. Sans doute ils n'ont pas fini, parce qu'ils n'ont pas bien commencé. Quelques traits suffisent au maître pour représenter son œuvre comme finie. Exécutée ou non, elle est déjà parfaite. Le plus habile dilettante tâtonne toujours dans son incertitude, et à mesure que le travail avance, l'indécision du premier jet se trahit de plus en plus. C'est seulement à la fin que se découvre le défaut qui fait que l'œuvre est manquée, et qui, dès-lors, ne peut plus se réparer; de cette façon, en effet, l'ouvrage ne peut être achevé.

—

Dans l'art véritable, il n'y a pas d'école préparatoire; mais seulement un travail de préparation. La meilleure préparation est la part que prend le dernier élève au travail du maître. Souvent l'apprenti qui broyait des couleurs, est devenu un excellent maître.

—

Il n'en est pas de même de l'imitation mécanique vers laquelle, en général, l'homme est naturellement porté, à la vue d'un artiste de talent qui exécute des choses difficiles avec facilité.

Que le jeune artiste, les dimanches et les jours de fête, assiste aux danses du village; qu'il observe les mouvements naturels ; qu'il donne à la jeune paysanne le vêtement d'une nymphe, aux jeunes villageois de longues oreilles, sinon des pieds de bouc. S'il a bien saisi la nature, s'il a donné à ses personnages des poses nobles et libres, personne ne saura d'où il a tiré son tableau, et chacun jurera qu'il a copié l'antique.

Il y a plus : s'il a quelquefois l'occasion de voir des danseurs de corde et des hommes qui se livrent en public aux exercices d'équitation, qu'il ne néglige pas de les observer; qu'il fasse abstraction de ce qu'il y a en eux d'exagéré, de faux, de ce qui tient aux habitudes de leur métier, et qu'il apprenne à saisir la grace infinie dont est capable le corps humain.

Que le jeune artiste ne dédaigne pas non

plus d'étudier les formes des animaux ; qu'il cherche à se faire une idée générale des animaux domestiques, du cheval, du chien. Les animaux sauvages et étrangers méritent aussi d'attirer son attention.

—

Nous sommes bien convaincus de la nécessité des études d'après nature pour le sculpteur et le peintre ; seulement nous avouons que nous sommes souvent troublés en voyant l'abus qu'on fait d'un si louable exercice.

—

Il existe dans la nature beaucoup d'objets qui, considérés isolément, présentent le caractère de la beauté ; cependant, le talent consiste à découvrir les harmonies, et par là à produire des œuvres d'art. Le papillon qui vient se poser sur la fleur, la goutte de rosée qui humecte son calice, le vase qui la contient, la rendent plus belle encore. Il n'y a pas un buisson, pas un arbre qui ne puisse devenir intéressant par le voisinage d'un rocher, d'une fontaine, et à qui une perspective habilement ménagée ne donne un grand charme. Il en est de même de la figure humaine, de la forme des animaux de toute espèce.

—

Le jeune artiste y trouvera plus d'un avantage ; il apprendra d'abord à réfléchir, à combiner, à saisir les rapports entre les objets qui s'harmonisent ensemble. Si de cette manière il compose avec talent, ce qu'on nomme l'invention, c'est-à-dire l'art de tirer une foule d'idées d'une simple particularité, ne lui manquera pas.

—

Si je demande à de jeunes peintres allemands, même à ceux qui ont séjourné longtemps en Italie, pourquoi on remarque dans les tons qu'ils donnent à leurs paysages, tant de dureté et de sécheresse, pourquoi ils semblent avant tout fuir l'harmonie, ils répondent avec beaucoup d'aplomb : C'est ainsi que nous voyons la nature.

—

Kant nous a fait remarquer qu'il existe une critique de la *raison*; qu'il y a des motifs de surveiller cette faculté, la plus haute que l'homme possède. Chacun peut vérifier sur lui-même combien cette maxime est utile; mais je voudrais, au même point de vue, faire sentir la nécessité d'une critique des *sens*, dans l'intérêt de l'art en général, et en particulier de l'art allemand, s'il est destiné à reprendre une nouvelle vie et à faire de nouveaux progrès.

—

L'homme, originairement doué des plus heureuses dispositions pour la science, a besoin d'être formé par l'éducation. Ses facultés ne peuvent se développer que par les soins que lui prodiguent ses parents et ses maîtres, par l'exemple ou une expérience laborieusement acquise; de même l'artiste n'est pas né tout formé, mais seulement avec le germe du talent. La nature peut bien lui avoir donné le plus heureux coup-d'œil pour saisir les formes, les proportions, les mouvements ; mais pour la haute composition, l'ensemble, la distribution de la lumière et des ombres, le choix des couleurs, le talent naturel peut bien lui manquer, sans qu'il s'en doute.

—

S'il ne se sent pas disposé à apprendre des grands maîtres des siècles passés ou de ses contemporains ce qui lui manque pour devenir un véritable artiste, abusé par la fausse idée de son originalité, il restera en arrière et au-dessous de lui-même ; car ce n'est pas seulement ce qui est inné en nous, mais ce que nous avons pu acquérir qui nous appartient et se confond avec nous.

THÉATRE ALLEMAND.

Le terme d'*École*, comme on l'emploie dans l'histoire des arts figuratifs, où l'on parle d'une école Florentine, Romaine et Vénitienne, ne pourra plus s'appliquer désormais au théâtre Allemand. C'est une expression dont on pouvait peut-être encore se servir il y a trente ou quarante ans, parce qu'alors il était permis de concevoir une représentation conforme à la nature et à l'art, déterminée par des circonstances locales; mais, si on y regarde de près, le mot *école* ne convient aux arts figuratifs eux-mêmes que dans leurs commencements. Aussitôt qu'une école a produit de grands artistes, l'art s'étend et se propage au loin. Florence exerce son influence sur la France et l'Espagne; les Hollandais et les Allemands apprennent des Italiens et acquièrent ainsi plus de liberté dans l'imagination et dans le goût, tandis que les artistes du midi apprennent de nous une technique plus heureuse et une exécution plus parfaite.

—

Le théâtre Allemand se trouve à une époque définitive, où une culture générale est tellement répandue partout, qu'elle n'appartient plus à un lieu particulier, et ne peut partir d'un point déterminé.

—

Le principe de l'art théâtral, comme de

toute autre espèce d'art, est le vrai, le naturel. Plus celui-ci a de valeur et de sens, plus le poëte et l'auteur savent le prendre à un degré élevé; plus la scène occupe elle-même un rang élevé. Sous ce rapport c'est un grand avantage pour l'Allemagne que la *récitation* des chefs-d'œuvre soit devenue générale et se soit répandue même en dehors du théâtre (1).

———

La déclamation et la mimique reposent sur la récitation. Maintenant, comme dans la lecture, c'est à celle-ci que l'on doit surtout s'attacher et s'exercer; il est manifeste que les lectures publiques devraient être l'école du vrai et du naturel, si les hommes qui entreprennent une pareille tâche étaient pénétrés de l'importance et de la dignité de leur mission.

———

(1) Les auteurs qui jouissent de la plus haute réputation en Allemagne, Tieck et les deux Schlegel, par exemple, ne dédaignaient pas de lire en public les œuvres dramatiques de Goethe, de Shakespeare, de Calderon, etc.

Les œuvres de Shakespeare et de Calderon ont surtout gagné aux yeux du public par de pareilles lectures; cependant, prenons toujours bien garde ici que les défauts imposants des poëtes étrangers qui, malgré leur génie, s'écartent souvent du vrai, ne contribuent à corrompre notre goût.

—

L'originalité dans l'expression est le commencement et la fin de tout art; mais chaque nation a une originalité particulière qui s'écarte des qualités communes à l'humanité. Cette originalité peut nous choquer d'abord; mais, à la fin, si elle parvient à nous plaire, si nous nous laissons entraîner, elle peut l'emporter sur notre propre nature originale et l'étouffer.

—

Combien Shakespeare et Calderon n'ont-ils pas faussé notre goût? combien ces deux astres brillants du ciel poétique ne nous ont-ils pas égarés ? C'est ce que pourront faire remarquer un jour les historiens de la littérature.

—

Je ne puis approuver une imitation com-complète du théâtre Espagnol. Calderon, malgré ses beautés, a tant de choses conventionnelles, qu'il est difficile à un observateur ordinaire de reconnaître le grand talent du poète à travers l'étiquette du théâtre.

Si l'on met quelque chose de semblable sous les yeux du public, il faut lui supposer toujours une bonne volonté telle, qu'il soit disposé à passer sur ce qui est étranger, à goûter un esprit, des manières, un rythme étrangers, à se dépouiller de ses habitudes, pour vivre pendant quelque temps dans un autre monde.

—

Les fragments du *Traité d'Aristote sur la Poésie* offrent un singulier caractère. Si l'on connaît le théâtre en homme du métier, comme moi, qui ai consumé une notable partie de ma vie à cultiver cet art, qui ai même beaucoup travaillé pour le théâtre, on voit d'abord qu'avant tout il faut avoir pénétré à fond les opinions philosophiques de l'auteur, pour comprendre comment il envisageait cette forme de l'art. Sans cela, il embrouille nos études. C'est ainsi que les poétiques modernes, en ne s'attachant qu'à la partie superficielle de sa doctrine, se sont égarés sur ses traces.

—

Le but de l'art tragique consiste uniquement à manifester sous la forme d'un événement passé, et à représenter, dans un exemple frappant, un phénomène de l'ame, un fait moral.

—

Ce qu'on appelle des motifs, ce sont donc des phénomènes proprement dits de l'ame humaine, qui se sont déjà mille fois produits et se renouvellent sans cesse. Seulement le poëte ne les représente que sous une forme historique.

Composer une œuvre dramatique n'appartient qu'au génie. La sensibilité doit dominer *à la fin*, la plus haute intelligence *au milieu*, et la raison, proprement dite (1), *au commencement;* l'ensemble doit être représenté par une imagination vive et brillante.

---

(1) Il n'y a pas de termes en français pour rendre les mots allemands *Vernunft* et *Verstand*. *Vernunft* est la plus haute faculté de l'esprit, la raison qui conçoit l'idéal. *Verstand* est la raison logique, le raisonnement.

RÉFLEXIONS

SUR

LA LITTÉRATURE, LA POÉSIE, etc. (1)

Le monde est si vaste et si riche, et la vie si variée, que les sujets de poésie ne manqueront jamais. Mais toute poésie doit être de circonstance; c'est-à-dire que la

---

(1) Ces réflexions sont tirées des conversations de Goethe avec Eckermann.
Gespraeche mit Goethe in den letzten Jahren seines Lebens 1823-1832. Von Eckermann. Leipzig. Brockhaus, 1837.

réalité doit en fournir l'occasion et la matière. Un cas particulier devient général et poétique par cela seul qu'il est traité par le poète. Toutes mes poésies sont des poésies de circonstance. Elles sont inspirées par la réalité. C'est là qu'est leur principe et leur base. Quant aux poésies dont le caractère est un vague idéal, je n'en fais aucun cas.

Qu'on ne dise pas que la réalité manque d'intérêt; car le talent du poète consiste précisément à être capable de trouver un côté intéressant dans un sujet ordinaire. La réalité doit fournir les motifs, les points essentiels, ce qu'on peut appeler le noyau de la composition; mais tirer de là un ensemble harmonieux et vivant, c'est l'affaire du poète.

On voit dans les monuments de l'ancienne architecture allemande, la fleur d'une civilisation extraordinaire. Celui qui contemple cette fleur en elle-même ne peut que s'étonner ; mais quand on considère la vie intérieure et cachée de cette plante, que l'on étudie l'action des forces qui ont présidé à son organisation, et que l'on examine comment la fleur s'est développée peu-à-peu, on voit les choses d'un autre œil, et l'on sait ce que l'on voit.

—

Quand je jette un regard en arrière sur mes premières années et mon âge mûr, et que, maintenant dans ma vieillesse, je vois combien est petit le nombre des contemporains de ma jeunesse, qui vivent encore, je ne puis m'empêcher de songer au séjour d'été dans une ville de bains. Aussitôt après son arrivée, on se lie avec ceux qui déjà étaient là depuis quelque temps, et qui s'en vont dans les premières semaines. Cette perte est pénible. Maintenant, on s'attache à la seconde génération, avec laquelle on reste la meilleure partie de la saison, et avec laquelle on se lie intimement. Mais celle-ci à son tour s'en va, et nous laisse seul avec la troisième, qui arrive peu de temps avant notre départ, et avec laquelle nous ne voulons pas avoir de rapports.

—

On m'a toujours considéré comme un homme particulièrement favorisé de la fortune, et en effet, je ne veux pas me plaindre, ni accuser ma destinée. Mais au fond, ma vie n'a été que peine et travail, et je puis dire que, dans les soixante-quinze années de ma vie, je n'ai jamais compté quatre semaines d'un véritable bonheur. C'était rouler continuellement une pierre qui retombait sans cesse.

Mon vrai bonheur consistait dans mes opinions et mes théories politiques; mais elles étaient renversées, contrariées ou empêchées par ma position extérieure.

Si j'avais pu moins m'occuper des affaires publiques et vivre davantage dans la solitude, j'aurais été plus heureux et j'aurais été plus loin comme poëte. Mais, après la publication de Werther et de Goetz, devait se confirmer pour moi ces paroles d'un sage : « Si l'on a fait quelque chose pour « plaire au monde, il a soin qu'on ne le « fasse pas une seconde fois. » Un nom répandu au loin, une haute position sociale ne sont pas à dédaigner dans la vie. Mais, avec toute ma réputation et le rang que j'occupe, je n'ai pu aller plus loin que de me taire devant l'opinion d'autrui, pour ne pas blesser. Ce serait, en effet, une mauvaise plaisanterie, si je n'avais pas eu l'avantage sur les autres de pénétrer leurs pensées, tandis qu'ils ignoraient les miennes.

—

Partout on s'occupe dans les universités de trop de choses, et surtout de choses inutiles. Chaque professeur développe sa spécialité bien au-delà de ce que réclament les besoins de ses auditeurs. Autrefois on enseignait la chimie et la botanique comme dépendant de la médecine, et le médecin en savait assez. Mais maintenant la chimie et la botanique sont devenues des sciences à perte de vue; l'étude de chacune demande la vie d'un homme, et on les exige cependant du médecin. Un tel état de choses ne mène à aucun résultat; on abandonne et on oublie une science pour une autre. Un esprit sensé refuse de se plier à toutes ces exigences en sens contraire, se borne à une spécialité, et devient fort dans une seule partie.

———

Si l'esprit et un développement supérieur de l'intelligence pouvaient tomber dans le domaine public, le poëte aurait beau jeu; il pourrait être toujours vrai et n'aurait pas à craindre d'exprimer les plus belles pensées. Mais il n'en est pas ainsi : le poëte est obligé de se tenir toujours à un certain niveau; il doit songer que ses ouvrages tomberont dans les mains d'un public mêlé;

il doit prendre garde de ne pas donner un scandale aux braves gens par une franchise trop grande. Ensuite, le temps est une singulière puissance. C'est un tyran qui a ses caprices et qui, à chaque siècle, fait une figure différente aux actions et aux paroles des hommes. Ce qu'il était permis de dire aux Grecs ne nous conviendrait plus; ce qui, aux yeux de Shakespeare, convenait à la rudesse des mœurs de ses contemporains, les Anglais de nos jours ne peuvent plus le supporter; de sorte que, dans ces derniers temps, on a senti le besoin d'une *famille de Shakespeare* (Family-Shakespeare).

—

Si je n'avais porté en moi-même le monde par anticipation, je serais resté aveugle les yeux ouverts, toutes mes expériences et mes études n'auraient été qu'un vain et inutile effort. La lumière est hors de nous, et les couleurs nous environnent; mais si nous ne portions pas la lumière et la couleur dans nos propres yeux, nous ne les apercevrions pas hors de nous.

—

Il y a des esprits excellents qui ne peuvent rien produire à l'improviste, ni d'après une vue superficielle ; mais dont la nature a besoin du calme et du silence pour se pénétrer profondément de chaque sujet. De semblables talents nous impatientent souvent, parce que nous obtenons rarement d'eux ce que nous désirons pour le moment ; mais c'est de cette manière que l'on atteint à la perfection.

—

C'est surtout la spéculation philosophique qui nuit aux Allemands et donne souvent à leur style un caractère incompréhensible, vague et diffus. Plus ils approchent de certaines écoles philosophiques, plus leur style est défectueux. Les Allemands qui s'occupent d'affaires, et dont la tendance est toute pratique, sont ceux qui écrivent le mieux. Ainsi, le style de Schiller devient riche en images et pathétique, aussitôt qu'il ne philosophe plus.

De même, il y a chez nous des femmes de talent qui écrivent dans un excellent style, au point de surpasser en cela beaucoup de nos écrivains estimés.

En général, *les Anglais* écrivent bien, comme des hommes nés orateurs et qui appliquent leur esprit pratique à la réalité.

Les Français ne démentent pas leur caractère dans leur style; leur naturel est éminemment sociable, et, à ce titre, ils n'oublient pas le public auquel ils s'adressent; ils s'efforcent d'être clairs pour convaincre le lecteur, et agréables pour lui plaire.

En général, le style d'un écrivain est le miroir fidèle de son ame. S'il veut avoir un style clair, il faut que ses pensées soient claires, et si quelqu'un veut avoir un style élevé, il faut qu'il ait le caractère élevé.

—

Mes adversaires sont innombrables, mais il n'est pas impossible de les classer.

Je commence par ceux qui le sont par *stupidité*. Ce sont ceux qui ne m'ont pas compris, qui me blâmaient sans me connaître. Cette masse considérable m'a causé dans ma vie beaucoup d'ennuis; mais il doit leur être pardonné, car ils ne savaient pas ce qu'ils faisaient.

Une seconde classe, très-nombreuse, se compose des *envieux*. Ces gens sont jaloux de mon bonheur et de la position honorable que je me suis faite par mon talent. Ils déchirent ma réputation, ils m'auraient volontiers anéanti. Si j'étais malheureux, ou dans une position misérable, ils cesseraient leurs attaques.

Vient maintenant un grand nombre de ceux qui sont devenus mes adversaires à *cause du peu de succès de leurs ouvrages*. Parmi eux il y a des hommes de talent; mais ils ne pouvaient pas me pardonner de les avoir éclipsés.

Une quatrième classe de mes adversaires sont ceux qui me font une *opposition systé-*

matique. Je suis homme, et comme tel j'ai des défauts et des faiblesses humaines. Mes écrits, par conséquent, n'en pouvaient pas être exempts; mais comme je m'occupais sérieusement et sans relâche de perfectionner et d'anoblir mes facultés, je me trouvais être dans un progrès continuel, et il arrivait souvent qu'ils blâmaient un défaut dont j'étais depuis long-temps délivré. Ces braves gens m'ont fait bien peu de mal; ils tiraient sur moi lorsque j'étais déjà loin d'eux. En général, je ne me souciais pas d'un ouvrage après l'avoir terminé; je ne m'en occupais plus, et je songeais à quelque nouveau travail.

Une foule d'autres personnes se sont montrées mes adversaires à cause de la *divergence d'opinions et de la différence de vues*. On dit des feuilles d'un arbre qu'on en trouve à peine deux qui se ressemblent. De même, parmi des milliers d'hommes, on en trouverait à peine deux qui s'accordent parfaitement dans leurs pensées et leurs sentiments. Cette vérité reconnue, je dois moins m'étonner du nombre de mes adversaires que de celui de mes amis et de mes partisans. Mon siècle s'est séparé de moi; car il marchait dans la voie du sentimentalisme; tandis qu'avec ma tendance objective je restais seul, à mon préjudice, dans la route opposée.

—

C'est une grande folie chez bien des hommes de demander que tout le monde soit d'accord avec eux. Je n'ai jamais eu cette faiblesse. J'ai toujours considéré l'homme comme un être complet en soi, que je cherchais à étudier et à connaître dans son originalité, et dont je n'attendais, du reste, aucune sympathie. Par cette voie je suis arrivé à fréquenter tous les hommes. C'est par cela seulement que nous parvenons à connaître les différents caractères et que nous acquérons l'habileté nécessaire dans la vie; car c'est précisément avec des caractères opposés au nôtre qu'il faut nous observer avec une grande attention, si l'on veut vivre avec eux sans les choquer. Par-là, les différents côtés de notre caractère se développent et se perfectionnent, de sorte que bientôt on se sent capable de soutenir toute espèce de *vis-à-vis*.

—

La religion est avec l'art dans le même rapport que tout autre intérêt élevé de la vie. De même que les autres éléments de la vie humaine, elle ne doit être considérée que comme lui fournissant des sujets, et, à ce titre, elle a les mêmes droits. La foi et l'incrédulité ne sont pas les sens avec lesquels on doit apprécier une œuvre d'art. Ce jugement appartient à d'autres capacités, à d'autres facultés. L'art doit travailler pour ceux de nos organes qui sont capables de le comprendre. S'il ne le fait pas, il manque son but ; il passe devant nous sans produire son effet. Un sujet religieux peut être un sujet excellent pour l'art, mais seulement dans le cas où il est l'expression de la nature humaine dans ce qu'elle a de général. C'est pourquoi la Vierge avec son enfant est un sujet qui a été traité cent fois, et qu'on verra toujours avec plaisir.

—

La pensée de la mort ne trouble pas mon esprit; car j'ai la profonde conviction que l'ame est une substance indestructible. C'est un être dont l'activité se développe éternellement. Elle est semblable au soleil qui paraît se coucher pour nos yeux humains; mais qui ne se couche réellement jamais, et dont la lumière éclaire éternellement le monde.

—

Pour faire époque dans ce monde il faut deux choses : d'abord avoir une bonne tête, et ensuite avoir fait un grand héritage. Napoléon héritait de la révolution française; Frédéric-le-Grand de la guerre Silésienne; Luther de l'ignorance du clergé. J'ai hérité de l'erreur de la doctrine de Newton (1).

---

(1) Goethe veut parler de sa théorie des couleurs.

Les Français font très-bien d'étudier et de traduire maintenant nos écrivains ; car, limités comme ils le sont dans la forme, limités dans les motifs, il ne leur reste d'autre moyen que de se tourner vers l'étranger. On peut supposer aux Allemands un certain manque de formes; mais nous sommes supérieurs aux Français par le fond. Les pièces de théâtre d'Iffland et de Kotzebue ont une si grande richesse d'idées qu'ils y cueilleront pendant long-temps avant de les avoir épuisées. Notre idéalité philosophique leur convient particulièrement ; car tout ce qui est idéal peut servir à un but révolutionnaire.

Les Français ont de la raison et de l'esprit, mais ils manquent absolument de principes et ne savent rien respecter. Ce qui leur sert dans le moment, ce qui peut être utile à leur parti est pour eux le bien. C'est pourquoi ils ne nous louent pas, parce qu'ils reconnaissent notre mérite, mais dans l'espoir de fortifier leur opinion par nos idées.

—

Ce qui manque à la plupart de nos jeunes poètes, c'est que les sentiments personnels qu'ils expriment n'ont pas assez d'importance, et qu'ils ne savent pas trouver des images dans le monde qui les entoure. Dans les cas les plus favorables, il leur arrive de trouver des formes qui traduisent fidèlement leur pensée et répondent à la situation de leur ame; mais saisir des images pour elles-mêmes, parce qu'elles sont poétiques, et lors même qu'elles ne seraient point en harmonie avec notre disposition intérieure, c'est à quoi ils ne songent pas.

Si, au moins, nos poètes lyriques étaient des personnages plus importants, formés par de fortes études et par les relations sociales, leurs productions pourraient bien ne pas manquer de valeur.

Le malheur de notre société est qu'au lieu de vivre et de jouir de ce qu'il possède, chacun veut gouverner. Il en est de même dans l'art; au lieu de jouir des œuvres que nous possédons, chacun, de son côté, veut aussi produire. Personne ne songe à se frayer une route indépendante par une œuvre originale de poésie; on tourne sans cesse dans le même cercle.

Il n'y a pas non plus d'efforts sérieux pour arriver à un ensemble. Chacun ne pense qu'à se faire remarquer, à mettre en évidence son individualité. Cette fausse tendance se montre partout, et on imite en cela nos modernes virtuoses, qui ne choisissent pas pour leur exécution des morceaux capables de procurer aux auditeurs une véritable jouissance musicale, mais plutôt ceux dans lesquels l'exécutant peut faire admirer son habileté acquise. C'est partout l'individu qui veut se montrer dans sa splendeur, et on ne trouve nulle part un homme désintéressé qui, par amour pour l'art en général, veuille lui faire le sacrifice de son individualité.

Ajoutez à cela que l'on produit les choses les plus pitoyables, sans s'en douter. Les enfants font déjà des vers; jeunes gens ils s'imaginent être quelque chose, jusqu'à ce qu'enfin, devenus hommes, ils ouvrent les yeux, comprennent les chefs-d'œuvre, et s'effraient d'avoir perdu leurs meilleures années dans une fausse direction.

D'autres même n'arrivent jamais à se faire une idée de la perfection et à reconnaître leur insuffisance. Ils produisent des choses médiocres jusqu'à la fin. Il est certain que si chacun pouvait arriver assez tôt à reconnaître tous les chefs-d'œuvre dont le monde est rempli, et ce qu'il faudrait pour produire quelque chose digne d'être mis à côté de ces ouvrages, sur cent jeunes gens qui s'occupent de poésie, à peine un seul se sentirait assez de courage, de talent et de persévérance pour continuer à vouloir atteindre à une semblable perfection.

Beaucoup de jeunes peintres n'auraient jamais pris un pinceau, s'ils avaient su comprendre de bonne heure ce qu'est un maître comme Raphaël.

—

Après Sophocle, il y a peu d'écrivains que j'aime autant que Ménandre. Il est partout pur, noble, grand, plein de sérénité; sa grace est inimitable. Il est bien à regretter que nous ayons si peu de lui ; mais ce peu est inimitable; et les hommes de talent y peuvent beaucoup apprendre.

L'essentiel est que celui dont nous voulons apprendre s'accorde avec notre nature. Ainsi, par exemple, Caldéron, quel que grand qu'il soit, n'a exercé aucune influence sur moi, ni en bien, ni en mal; mais il eût été dangereux pour Schiller, il l'aurait égaré. Ainsi, c'est un bonheur pour celui-ci que Caldéron n'ait été connu généralement en Allemagne qu'après sa mort. Calderón est très-grand en tout ce qui concerne la technique et l'art théâtral. Schiller, au contraire, beaucoup plus moral, plus sérieux et plus grand dans tout ce qui concerne les caractères; et il eût été dommage pour lui de perdre quelque chose de ces qualités, sans atteindre, sous d'autres rapports, à la grandeur de Calderón.

—

Molière est si grand qu'on l'admire toujours de nouveau en le relisant. C'est un auteur à part. Ses comédies confinent à la tragédie. Il est facile de le comprendre, et cependant personne, en cela, n'a le courage de l'imiter. Son *Avare* surtout, dans lequel la passion détruit tout sentiment naturel entre le père et le fils, est grand et tragique dans la haute signification du mot. Lorsque dans une pièce allemande on fait du fils un parent, on détruit tout l'effet, et cela n'a plus de sens. On craint de laisser apparaître le vice dans sa véritable nature. Mais alors, quel intérêt présente-t-il? Et qu'y a-t-il de tragique, si ce n'est ce que nous ne pouvons supporter?

Je lis tous les ans quelques pièces de Molière, de même que je contemple de temps en temps les gravures d'après les maîtres italiens. Car nous autres pygmées nous ne sommes pas capables de conserver dans notre esprit la grandeur de pareilles choses; il faut que nous y revenions de temps en temps, pour renouveler en nous de semblables impressions.

On parle toujours d'originalité. Mais qu'est-ce que cela veut dire? Aussitôt après notre naissance le monde commence à exercer sur nous son influence, et cela continue ainsi jusqu'à la fin; et, en général, que pouvons-nous revendiquer comme nous étant réellement propre, si ce n'est l'énergie, la force, la volonté?

Si je pouvais dire tout ce dont je suis redevable aux grands hommes qui m'ont précédé ou qui ont été mes contemporains, il ne me resterait plus rien. Mais, en outre, l'époque de notre vie, où une grande personnalité exerce sur nous son influence, n'est pas indifférente. Il fut pour moi de la plus haute importance que Lessing, Winkelmann et Kant fussent plus âgés que moi; que les deux premiers aient exercé de l'influence sur ma jeunesse; le dernier sur ma vieillesse. Il y a plus, de même qu'il était important que Schiller fût encore jeune et dans la première sève de son génie, lorsque je commençais déjà à me fatiguer du monde, il ne l'était pas moins que les frères de Humboldt et de Schlegel commençassent à paraître sur la scène, sous mes yeux. Je ne puis dire combien d'avantages sont résultés pour moi de ces circonstances.

—

En toutes choses on n'apprend que de ceux qu'on aime. Une pareille disposition se trouve, à mon égard, dans la génération actuelle des jeunes talents ; mais j'ai très-rarement éprouvé la même sympathie au début de ma carrière littéraire. Je ne saurais nommer un seul homme de mérite dont je n'aie eu à essuyer la critique. Immédiatement après la publication de Werther, on y trouva tant de choses à blâmer, que si j'avais voulu effacer tous les endroits attaqués, il ne serait pas resté une seule ligne de tout le livre. Mais ce blâme ne me nuisait pas ; car ces jugements personnels de quelques hommes, même distingués, étaient balancés par le suffrage de la foule ; mais celui qui n'attend pas un million de lecteurs, ne devrait jamais écrire une ligne.

Maintenant, le public dispute depuis vingt ans, pour savoir lequel est le plus grand de Schiller ou de moi ; il devrait plutôt se réjouir d'avoir deux hommes sur lesquels il puisse ainsi disputer.

—

Le sentiment vif des situations et la faculté de les exprimer, c'est là ce qui fait le poéte.

—

Le défaut de caractère chez les savants et les écrivains est la source de tout le mal de la littérature moderne.

Ce défaut se montre surtout dans la critique, et le monde en souffre; car elle répand le faux pour le vrai; ou, par une misérable vérité, elle détruit ce qui valait mieux pour nous.

Jusqu'à présent le monde croyait à l'héroïsme de Lucrèce et de Mucius Scévola, et se laissait enthousiasmer par leurs actions. Vient maintenant la critique historique, qui prétend que ces personnages doivent être considérés comme des fables et des fictions inventées par le patriotisme des Romains. Que devons-nous faire d'une aussi pauvre vérité? Si les Romains étaient assez grands pour inventer de pareilles actions, nous devrions être assez grands pour y croire.

Ainsi, j'avais toujours éprouvé beaucoup de joie en lisant un fait historique du treizième siècle. A l'époque où l'empereur Frédéric II était en démêlé avec le pape, le nord de l'Allemagne étant ouvert de toutes parts à l'invasion, les hordes asiatiques entrèrent en effet et s'avancèrent jusqu'en Silésie, lorsque le duc de Liegnitz les effraya par une grande défaite. Alors elles se tournèrent vers la Moravie ; mais les barbares furent de nouveau battus par le comte de Sternberg. Ces vaillants hommes vivaient en moi comme les libérateurs de la nation allemande. Mais que fait maintenant la critique historique. Elle prétend que ces héros se sont sacrifiés tout-à-fait inutilement ; car l'armée asiatique ayant été rappelée, se serait retirée d'elle-même. Par là un grand fait historique et patriotique perd sa valeur ou est détruit, et nous éprouvons un sentiment pénible.

—

Je n'aurais jamais aussi bien connu toute

la petitesse des hommes, et combien peu ils ont en vue un but vraiment grand, si je ne m'étais pas trouvé en rapport avec eux par mes recherches sur les sciences naturelles. J'ai remarqué alors que la science n'a d'intérêt pour eux qu'autant qu'elle les fait vivre, et qu'ils adorent même l'erreur quand elle soutient leur existence. Il en est de même dans la littérature. La conception d'un but élevé, le sens du vrai et du bien, le désir de leur propagation sont des phénomènes très-rares. Les hommes se poussent et se protègent naturellement. Ce qui est vraiment grand leur répugne, et ils voudraient le bannir de ce monde, afin, d'avoir eux-mêmes quelqu'importance. Telle est la foule; et les hommes distingués qui s'élèvent au-dessus d'elle, ne valent guère mieux.

Tel, que je pourrais nommer, avec son grand talent et sa vaste instruction, aurait pu être fort utile au pays; mais son manque de caractère a privé la nation d'ouvrages remarquables, et la nation l'a privé de son estime.

Un homme comme Lessing nous manque. Car, pourquoi est-il si grand? C'est par son caractère, par sa fermeté. Il y a beaucoup d'hommes aussi sensés, et d'une intelligence aussi développée; mais où trouver un semblable caractère?

Beaucoup d'hommes ont de l'esprit et des connaissances, mais en même temps sont remplis de vanité; et, pour se faire admirer de la foule comme des hommes d'esprit, ils mettent la décence de côté, et rien ne leur est sacré.

Mme De Genlis a donc bien raison de s'opposer aux impudences et au libertinage d'esprit de Voltaire; car, dans le fond, quelque spirituel qu'on soit, le monde n'y gagne rien. Que peut-on élever sur cette base? Cela peut causer le plus grand mal en donnant le vertige aux hommes, et en leur faisant perdre l'équilibre.

Que savons-nous donc, après tout? et

jusqu'où pouvons-nous aller avec tout notre esprit ?

L'homme n'est pas né pour résoudre les problèmes du monde, mais sa destinée est de chercher où le problème commence, et de se tenir ensuite dans les limites du compréhensible.

Ses facultés ne suffisent pas pour mesurer les phénomènes de l'univers, et vouloir transporter dans l'univers sa propre raison, c'est une vaine tentative, l'intelligence humaine étant renfermée, comme elle est, dans un horizon si étroit.

La raison de l'homme et la raison de la divinité sont deux choses très-différentes.

Aussitôt que nous accordons à l'homme la liberté, c'en est fait de l'omniscience de Dieu ; car aussitôt que la divinité sait ce que je ferai, je suis forcé d'agir comme elle le sait.

Je mentionne cela comme un exemple qui prouve combien nous devrions nous garder de toucher aux mystères de la nature divine. Aussi ne devons-nous exprimer des maximes d'un ordre aussi élevé, qu'autant qu'elles sont utiles au monde. Quant aux autres, nous devons les garder en nous-mêmes ; mais qu'elles reflètent leur lumière sur notre conduite, comme le doux rayon d'un soleil caché.

Shakespeare nous donne des pommes d'or dans des coupes d'argent. Nous obtenons bien par l'étude de ses pièces les coupes d'argent ; mais nous n'avons à y mettre que des pommes de terre. C'est là le mal.

Si Byron eût eu occasion de se décharger par de violentes sorties au parlement de tout ce qu'il y avait d'opposition en lui, il serait un talent beaucoup plus pur comme poète. Mais comme il parlait à peine dans le parlement, il gardait sur son cœur tout ce qu'il avait contre sa nation, et il ne lui restait d'autre moyen de s'en délivrer que de l'exprimer sous une forme poétique. J'appellerais volontiers une grande partie des effets négatifs de Byron : *Des discours du parlement rentrés (Verhaltene Parlamentsreden)*, et je ne croirais pas les avoir mal désignés.

Si quelqu'un veut apprendre à chanter, tous les sons qui sont dans sa voix semblent naturels et faciles ; ceux qui n'y sont pas, paraissent dans le principe très-difficiles. Mais celui qui veut devenir un grand chanteur, doit apprendre à vaincre les difficultés ; faut que tous les sons soient à sa disposition. Il en est de même du poëte. Tant qu'il n'exprime que ses sentiments personnels, il n'est pas encore poëte ; il le devient du moment où il s'approprie le monde extérieur et sait l'exprimer ; alors, il est inépuisable et peut être toujours nouveau. Au contraire, une nature subjective a bientôt dépensé le peu qu'elle possède de son fond, et se perd à la fin dans la *manière*.

On parle toujours de l'étude des anciens, mais cela ne veut pas dire autre chose, si ce n'est : observez le monde réel et tâchez de le rendre ; car c'est ce que faisaient de leur vivant les anciens.

—

Toutes les époques rétrogrades et de dissolution sont *subjectives;* au contraire, toutes les époques progressives ont une tendance *objective*. Notre siècle tout entier est rétrograde, car il est subjectif. C'est ce que nous voyons, non-seulement dans la poésie, mais aussi dans la peinture et dans plusieurs autres arts. Au contraire, toute saine tendance quitte l'intérieur pour le monde extérieur, comme on le voit dans toutes les grandes époques qui étaient réellement en progrès, et qui présentaient un caractère objectif.

—

Si une pièce de théâtre nous a causé une grande impression à la lecture, nous croyons qu'elle produirait le même effet sur la scène ; et nous nous figurons que l'on pourrait, sans beaucoup de peine, arriver à ce but. Mais pour réussir au théâtre, la chose est bien différente. Une pièce qui n'a pas été originairement composée pour la scène et combinée par le poëte dans ce dessein formel, n'offre pas une progression assez rapide ; elle renferme toujours quelque chose de déplacé et de contradictoire.

—

Pour réussir au théâtre, une pièce doit être *symbolique*, c'est-à-dire que chaque scène en elle-même doit avoir un sens propre, et conduire à une autre plus significative encore. Le Tartuffe de Molière est sous ce rapport un grand modèle. Songez seulement à la première scène ! quelle exposition ! Tout est hautement significatif dès le début, et fait conclure à quelque chose de plus important encore qui doit venir à la suite.

On rencontre la même perfection théâtrale chez Calderon. Ses pièces conviennent tout-à-fait à la scène ; il n'y a pas un trait en elles qui ne soit calculé pour l'effet dramatique. Calderon est le génie poétique qui avait en même temps la plus haute raison.

—

Shakespeare écrivait ses pièces sous la seule inspiration de sa nature; il faut aussi considérer son époque, et le théâtre de ce temps n'exigeait de lui rien de plus. Ce que Shakespeare avait fait était bien accueilli. Si Shakespeare eût écrit pour la cour de Madrid ou pour le théâtre de Louis XIV, il aurait adopté une forme théâtrale plus régulière. Cependant, il ne faut pas nous plaindre; car ce que Shakespeare perd pour nous comme poète dramatique, il l'a gagné comme poète dans un sens plus général. Shakespeare est un grand psychologue, et on apprend de ses pièces à connaître le cœur humain.

—

Raphaël, et ses contemporains avaient passé par une manière étroite et peu naturelle, avant d'arriver à la nature et à la liberté. Les artistes de nos jours, au lieu de remercier la providence d'être venus plus tard, au lieu de profiter des avantages de leur position, et de marcher en avant dans la voie qui leur est ouverte, retournent à cette fausse manière. Cela fait peine à voir, et on ne peut concevoir un pareil aveuglement. Aussi, comme ils ne trouvent pas sur cette route un appui, ils le cherchent dans la religion et dans un parti ; car sans ces deux appuis, ils ne pourraient se soutenir dans leur faiblesse.

Dans le développement de l'art il existe une filiation. Considérez un grand maître, vous trouverez toujours qu'il profite des bonnes qualités de son prédécesseur, et c'est là précisément ce qui le rend si grand. Des hommes comme Raphaël ne sortent pas du sol. Ils avaient pour base l'antique et tout ce qui avait été produit de plus parfait avant eux. S'ils n'avaient pas profité des avantages de leur temps, on aurait peu de chose à dire d'eux.

Je n'ai jamais étudié la nature dans un but poétique. Mais des dessins de paysage pendant ma jeunesse, et plus tard des recherches de naturaliste, m'ont conduit à une connaissance exacte des objets de la nature. J'ai ainsi appris peu-à-peu à connaître la nature jusque dans les plus petits détails ; de sorte que, si j'ai besoin de quelque chose comme poète, je l'ai à ma disposition. Je pèche rarement contre la vérité. Cette observation de la nature manquait à Schiller. Je lui ai raconté tout ce qu'il y a de descriptions locales dans son *Tell ;* mais c'était un si admirable génie, que, même d'après mes récits, il put faire quelque chose qui eût de la réalité.

Les Français s'éveillent (1), et leur réveil mérite bien qu'on s'en occupe. Je m'applique avec soin à me faire une idée de la situation

_____
(1) Ceci a été dit en 1827.

actuelle de la littérature française, afin de pouvoir, si cela me réussit, en porter mon jugement. Il est d'un très-grand intérêt pour moi de voir que les mêmes idées qui sont déjà, depuis long-temps, passées chez nous, commencent seulement à produire leur effet chez eux. Sans doute le talent médiocre reste toujours enfermé dans le temps, et doit se nourrir des idées contemporaines. Chez les Français de nos jours, tout est comme il en était autrefois chez nous, jusqu'à la dévotion, qui commence à se montrer de nouveau chez eux, avec la seule différence qu'ils l'emportent sur nous par leur élégance et leur esprit.

—

J'ai lu un roman chinois; il n'est pas si étrange qu'on pourrait le croire. Les hommes y pensent, agissent et sentent comme nous; on se sent bien vite leur semblable. Seulement chez eux tout est plus clair, plus simple et plus moral. En même temps tout est positif, bourgeois, sans grande passion

et sans verve poétique; par là, ce roman ressemble beaucoup à mon Hermann et Dorothée, et aux romans anglais de Richardson. Mais il s'en distingue en ce que la nature extérieure se développe parallèlement à la nature humaine. On entend toujours l'eau gémir dans les étangs, sous les coups des dorades, toujours les oiseaux chanter sur les branches. Le jour est toujours pur et sans nuage; la nuit toujours éclairée par les rayons de la lune. On parle beaucoup de la lune, mais elle ne change pas le paysage; sa clarté est censée être la même que celle du jour. L'intérieur de leurs maisons est aussi propre, aussi agréable que leurs images. Je cite comme exemple ce passage : « J'enten-
» dis rire les aimables jeunes filles, et, lors-
» que je les aperçus, elles étaient assises
» sur des siéges de canne. » On voit par-là une situation tout-à-fait gracieuse; on ne peut se représenter des siéges de canne sans y joindre une idée de légèreté et d'élégance. Viennent ensuite une foule de légendes qui

accompagnent toujours le récit, et dont l'application est proverbiale. Par exemple, celle d'une jeune fille qui était si légère qu'elle pouvait se balancer sur une fleur sans briser la tige. Une autre, d'un jeune homme qui se comportait si bravement et si honnêtement, qu'il avait l'honneur, dans sa trentième année, de parler à l'empereur; une autre d'un couple d'amants qui avaient montré une telle continence pendant une longue fréquentation, que, lorsqu'ils furent obligés de passer une nuit dans la même chambre, ils veillèrent ensemble sans se toucher; et d'autres innombrables légendes, qui ont rapport à la décence et à la morale. Ce n'est que par cette rigide modération, que l'empire chinois s'est maintenu pendant des milliers d'années, et qu'il se maintiendra encore long-temps.

J'ai trouvé dans les chansons de Béranger un contraste très-remarquable avec ce roman chinois. Le fond des chansons de Béranger est immoral et licencieux, et me déplairait au plus haut degré, s'il n'était traité par un aussi grand talent que Béranger. Grâce à lui, de pareils sujets deviennent supportables et mêmes agréables. Mais n'est-il pas bien remarquable que le sujet du poète chinois soit tout-à-fait moral, et ceux du premier poète de la France précisément le contraire.

—

Je vois de plus en plus que la poésie appartient en commun à l'humanité, et qu'elle se produit partout dans une foule d'individus. L'un fait un peu mieux que l'autre, et sa renommée dure un peu plus long-temps que celle d'un autre. Voilà tout. Chacun doit se dire que le don de la poésie n'est pas une chose si rare, et que personne ne doit être fier d'avoir fait une bonne pièce de vers. Mais malheureusement, nous autres Allemands, si nous ne quittons pas le cercle étroit de notre entourage, nous arrivons bien vite à cette prétention pédantesque. Quant à moi, je tourne mes regards vers les nations étrangères, et je conseille à tout le monde de faire la même chose. Littérature nationale ne veut pas dire grand'chose aujourd'hui. C'est maintenant l'époque d'une littérature du monde, et chacun doit contribuer à hâter son avénement. Mais même en appréciant des productions étrangères, nous ne devons pas rester attachés à quelque chose de particulier, et le considérer comme un modèle. Nous ne devons pas penser que ce modèle soit la littérature chinoise, ou une autre littérature, ou Caldéron ou les Niebelungen. Mais si nous avons besoin d'un modèle, il faut toujours retourner aux Grecs, dont les ouvrages nous représentent le type du beau. Il faut considérer tout le reste d'une manière historique, et nous approprier le bien, autant que cela est possible.

—

La seule chose qui manque à Manzoni est de ne pas savoir combien il est grand poète, et quels sont ses droits comme tel. Il a trop de respect pour l'histoire ; c'est pourquoi il aime à ajouter à ses pièces quelques explications, dans lesquelles il prouve combien il est fidèle aux détails historiques. Les faits qu'il raconte peuvent être historiques, mais ses caractères ne le sont pas, pas plus que mon *Thoas* et mon *Iphigénie*. Aucun poëte n'a connu les caractères historiques qu'il représentait ; s'il les eût connus, il aurait difficilement pu les employer tels qu'ils ont été. Le poëte doit savoir quels effets il veut produire, et arranger, d'après cela, la nature de ses caractères. Si j'avais voulu représenter Egmont comme père d'une douzaine d'enfants, ainsi que l'histoire nous le montre, sa conduite légère aurait paru absurde. Il me fallait donc un autre Egmont, un Egmont mieux en rapport avec ses actions et avec mes intentions poétiques ; et c'est, comme dit Claire : *Mon Egmont*.

Et à quoi seraient bons les poëtes s'ils répétaient seulement le récit d'un historien ? Le poëte doit aller au-delà, et nous donner, s'il est possible, quelque chose de mieux, de plus élevé. Les caractères de Sophocle portent en eux quelque chose de l'âme élevée du grand poëte, de même que les caractères de Shakespeare ont quelque chose de la sienne. C'est ainsi qu'on est dans le vrai, et on doit toujours faire de même. Shakespeare va plus loin, il rend ses Romains Anglais; et il a raison, car sans cela la nation ne l'aurait pas compris. Les Grecs montraient encore ici leur supériorité, en ce qu'ils s'occupaient moins de la fidélité historique avec laquelle un fait était représenté, que de la manière dont le poëte l'avait traité. Nous en avons un exemple remarquable dans le Philoctète. Ce grand sujet fut traité par les trois grands tragiques, en dernier lieu, et de la manière la plus parfaite par Sophocle. L'excellente pièce de ce poëte est heureusement parvenue tout entière jusqu'à nous. D'un autre côté on a trouvé des fragments du Philoctète d'Eschyle et de celui d'Euripide, par lesquels on peut voir suffisamment comment ils ont traité leur sujet. Si le temps me le permettait, je restaurerais ces piéces comme je l'ai fait pour le Phaëthon d'Euripide, et ce travail ne serait pour moi ni désagréable ni sans utilité. Le nœud de la pièce est fort simple. Il s'agit de tirer Philoctète et l'arc d'Hercule de l'île de Lemnos ; mais comment ? Par quel moyens ? C'était l'affaire du poëte ; et ici chacun pouvait montrer son esprit d'invention, et surpasser ses rivaux. C'est Ulysse qui doit l'en tirer, mais doit-il être ou non reconnu de Philoctète ? Et à quel signe doit-il être reconnu ? Ulysse doit-il aller seul le chercher, ou être accompagné ? Dans ce cas qui doit l'accompagner ? Chez Eschyle le compagnon est inconnu ; chez Euripide c'est Diomède ; chez Sophocle c'est le fils d'Achille. En outre, dans quel état doit-il trouver Philoctète ? L'île doit-elle être habitée ou non ? Et, si elle est habitée, une ame compatissante doit-elle ou non s'intéresser à lui ? et cent autres choses semblables qui étaient laissées à la disposition des poëtes ; et dans le choix ou le rejet desquelles l'un pouvait montrer une plus haute intelligence que les autres. C'est là le point essentiel ; les poëtes de nos jours devraient faire de même, et non pas toujours demander si un sujet a ou n'a pas été traité. Ensuite, ils s'en vont chercher au nord ou au sud des événements extraordinaires qui soient suffisamment barbares, et qui n'agissent sur nous que comme simples événements. Mais faire quelque chose d'un sujet simple par la manière supérieure dont on le traite, exige un grand talent, et c'est là aussi ce qui manque.

—

Si la critique destructive est préjudiciable quelque part, c'est surtout en matière religieuse, car ici tout repose sur la foi à laquelle on ne peut revenir quand on l'a perdue.

—

Mes écrits ne deviendront jamais populaires. Le croire serait se tromper. Mes ouvrages ne sont pas faits pour la foule, mais seulement pour quelques hommes d'élite qui veulent s'occuper des idées semblables, et qui ont la même tendance.

—

Les femmes sont des coupes d'argent dans lesquelles nous plaçons des pommes d'or; Mes idées sur les femmes ne sont pas tirées de la vie réelle; mais elles sont nées avec moi et ont pris leur origine en moi-même. Dieu sait comment? Ainsi, les caractères des femmes que je représente dans mes ouvrages ne s'en sont pas mal trouvés; elles sont toutes meilleures qu'on ne les rencontre dans la vie réelle.

—

Tout ce qui est grand et sensé n'existe que dans la minorité. Il y a eu des ministres qui avaient contre eux le peuple et le roi, et qui exécutaient seuls leurs grands desseins. Il ne faut pas penser que la raison puisse devenir populaire. Les passions et les sentiments peuvent devenir populaires ; mais la raison sera toujours le partage de quelques hommes d'élite.

—

J'ai dit que le classique est *la santé*, et le romantique *la maladie*. Alors, les Niebelungen sont classiques comme Homère ; car tous les deux ont de la santé, de la vigueur. La plupart des productions modernes ne sont pas romantiques parce qu'elles sont modernes, mais parce qu'elles sont faibles, maladives ou malades ; et les œuvres antiques ne sont pas classiques parce qu'elles sont antiques ; mais parce qu'elles ont de la force, de la fraîcheur et de la santé. Si nous distinguions, d'après ces qualités, le classique et le romantique, nous nous entendrions sans difficulté.

—

Ce qui séduit aujourd'hui les jeunes gens, c'est que nous vivons à une époque où l'instruction est si répandue qu'elle se communique, en quelque sorte, à l'atmosphère que le jeune homme respire. Des pensées philosophiques et poétiques vivent et se meuvent en lui, il les a respirées avec l'air qui l'environne; mais il pense qu'elles sont sa propriété, et il en parle comme lui appartenant. Après avoir rendu au temps ce qu'il a reçu de lui, il devient pauvre. Il ressemble à une source d'où a jailli quelque temps de l'eau qu'on y avait portée et qui cesse de murmurer aussitôt que la provision de liquide est épuisée.

—

C'est une chose bien délicate que de donner un conseil, et si l'on observe que les choses les plus sensées ne réussissent pas, que les choses les plus absurdes mènent au but, on revient de l'idée de vouloir donner un conseil à quelqu'un. Dans le fond, un homme qui demande un conseil montre un esprit borné, et celui qui le donne, de la prétention. On ne devrait donner un conseil que dans les affaires sur lesquelles on peut avoir personnellement de l'influence. Si quelqu'un me demande un conseil, je lui dis bien que je suis prêt à le lui donner, mais à condition qu'il promettra de ne pas agir en conséquence.

—

On pense toujours qu'il faut devenir vieux pour être sensé ; mais, dans le fond, on a bien assez, à mesure qu'on avance dans la vie, de se maintenir aussi sage que l'on a été. L'homme devient il est vrai, dans les différentes époques de sa vie, autre qu'il n'était ; mais il ne peut pas dire qu'il soit devenu meilleur. Il est des choses sur lesquelles il peut avoir autant raison à vingt ans qu'à soixante. Sans doute, l'aspect du monde change selon qu'on le considère de la plaine, d'un promontoire ou des glaciers. On voit d'un de ces points de vue un plus grand espace du monde que d'un autre ; mais on ne peut dire qu'on le voit plus exactement. C'est pourquoi, l'essentiel, pour un auteur qui laisse des monuments de différentes périodes de sa vie, est d'avoir un fond solide, et d'être animé d'un bon esprit, d'avoir dit franchement et loyalement sa pensée. S'il en est ainsi, si ses écrits sont l'image fidèle du moment où ils ont paru, ils jouiront toujours de l'estime, quelle que soit la marche, le développement, et même le changement de ses idées.

FIN.

www.ingramcontent.com/pod-product-compliance
Lightning Source LLC
Chambersburg PA
CBHW070629170426
43200CB00010B/1959